아가페와 에로스의 론도

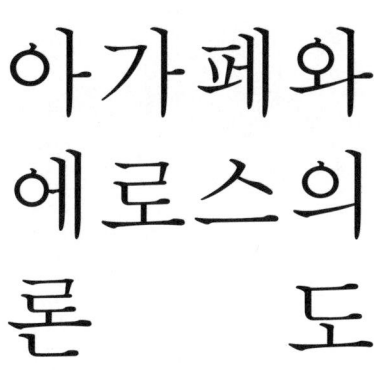

아가페와
에로스의
론　　도

Rondo of Agape and Eros

오소현 지음

프롤로그

빗방울 소리를 듣습니다.
아무리 잘 쳐진 곡이라 해도
그대가 없다면 창백합니다.
텅 빈 유리창처럼.
그 울림은.
기교는 화려할수록 쓸쓸합니다.
당신이 계시지 않다면.
이 우주에 당신이 계시지 않는다면
저 요란한 천둥과 번개, 쏟아지는 빗소리는
얼마나 의미 없는 성가심인가요.
혹은 느닷없는 변수 같은 것일까요.
필요나 필요 없음으로 구분되는.
아니, 그 얼마나 황망한 기계음 같을까요.
당신이 계서 이토록 따스한 비가.
거대한 심장의 고동 소리 같은 천둥이, 아늑한 어둠이.
가구를 옮기는 아빠, 사진을 찍는 엄마처럼
재미있고 신기한 하늘이….

만일 당신이 계시지 않다면
아이는 얼마나 무서워 떨까요. 그리고 울어댈까요.
이유를 모르는 채 살고 있는
우주라는 이 아름답고 넓은 집이 하도 쓸쓸해서….

사랑한다는 것은
아름다움을 지향한다는 것입니다.
아름다움은 참된 것
그리고 지극히 선한 것의 충일함과 발현입니다.
우리는 본래 지극히 보기 좋고 아름다웠던 세계에
살아가는 아름다운 존재들이었습니다.
그러나 세계와 인간은 아름다움의 본질에서
끊어진 채 무너지고 파괴되어 버렸습니다.
세계와 인간은 그 처음 아름다움의 이미지를
희미하게 머금고 있을 따름입니다.
악과 고통으로 신음하는 세상 가운데
아름다움을 말하고 향유하는 것은
낯설고 이기적이며 폭력적으로 느껴지기까지 합니다.
그러나 아름다움이 세상을 구원하리라고 했던
도스토옙스키의 말처럼
우리는 우리 안의 모든 추함을 밝히는 빛,
우리의 추함을 가리운 누더기를 벗기고
참 아름다움으로 회복시킬 수 있는
유일하게 선하고 아름다운 한 존재를 받았습니다.

그는 아름다움의 본체이지만
일그러진 우리를 위하여 볼품없이 되었습니다.
잃어버린 우리 아름다움의 회복을 위하여
당신의 찬란한 미를 내려놓고
초라한 형체가 되었습니다.
그리고 마침내 모두가 차마 보기 싫어하는
끔찍한 형상이 되어 버림받고 외면 받았습니다.
그는 우리 추하고 흉측한 영혼이
아름다움을 입도록 짓밟힌 것입니다.
꽃은 떨어졌습니다, 열매를 얻기 위하여.
고움이 고움을 얻고자 천해졌습니다.
사랑이 사랑을 찾고자 미움 받았습니다.
생명이 생명을 낳고자 죽은 것입니다.
가장 아름다운 사람-
그에게 이 노래들을 바칩니다.

목차

프롤로그 •005

1부 ─── 빗물을 보고 바다를 느끼는 가슴이 사람을 안고 하나님을 만진다

꽃 1 •012
펴다 •013
언어의 탄생 •014
소나기 •015
나무에게 •016
새는 우는가 노래하는가 •017
꽃 2 •018
바다의 노래 •019
지상 위의 이상한 일들 •020
빛 •022
To David •023
측은한 밤 •024
강과 바다 •025
하늘 위에 •026
나는 모른다 •028
방울토마토 •029
그립습니다 •030

역사 •032
벗에게 •033
나의 왕께 •034
포화 속에서 •036
양파 •038
마지막 장 •039
Nella Fantasia •040
그대가 없다면 •044
등불을 들고 •046
가끔 •047
풀 •048
세탁기에 관하여 •050
장미 •054
사과 제조법 •056
단 하나의 태양 •057
사랑한다는 것 •058

2부 ──── 죽음의 비밀처럼 단단히 봉인되었던
　　　　　　오랜 봄날의 약속을

새로운 거미 • 062
4월 • 065
이토록 고운 하늘 아래서 • 066
雅歌 • 068
그 사랑 • 069
소녀를 위한 잠언 • 070
이름 1 • 073
매미에게 • 074
연극 • 076
빙하 • 078
선악을 아는 나무 • 079
꽃 3 • 080
이유 1 • 083
사랑은 어디에서 태어나는가 • 084
구원 • 087
구름 • 088
라푼젤 • 090

저물녘 • 093
오리 주둥이 공룡이 아프리카에 간
까닭은 • 094
당신이 아무리 • 096
대금 • 098
경제 1 • 100
기도 • 101
소크라테스의 후예들 • 102
가장 힘센 아기 • 104
경제 2 • 106
있어야 제격 • 107
포도나무의 노래 • 108
자유 1 • 111
겨울나무 • 112
선물 • 113
시인의 기다림 • 114
이름 2 • 116

3부 ── 나비 날개 데칼코마니처럼 충일함 그 일체를 알기 위하여

나는 멀리 있지 않다 • 118
자유 2 • 120
연 • 123
지병 • 124
어느 몽상가의 현재 진행형 벤치 • 126
TABOO • 129
Imago Dei • 130
영혼이 사랑하는 것 • 132
라헬 • 133
몸과 영혼 • 134
이유 2 • 135
밤의 실마리 • 136
마라나타 • 140
새삼 • 142
대양의 물결 • 143
꽃과 새 • 144
눈 • 145

지옥에서의 청원 • 146
죽음에 관한 짧은 노트 • 148
언어의 경건 • 158
편지 • 159
너는 내 아기 • 160
작품 • 162
너만이 • 164
두 연인 • 166
진주를 찾는 사람 • 168
단장 • 171
랍비와 제자들 • 172
구유의 아기 • 176
나는 자유롭습니다 • 178
아내의 편지 • 180
가을바람 • 182
기다림 • 183
데칼코마니 • 184

1부

빗물을 보고
바다를 느끼는 가슴이
사람을 안고
하나님을 만진다

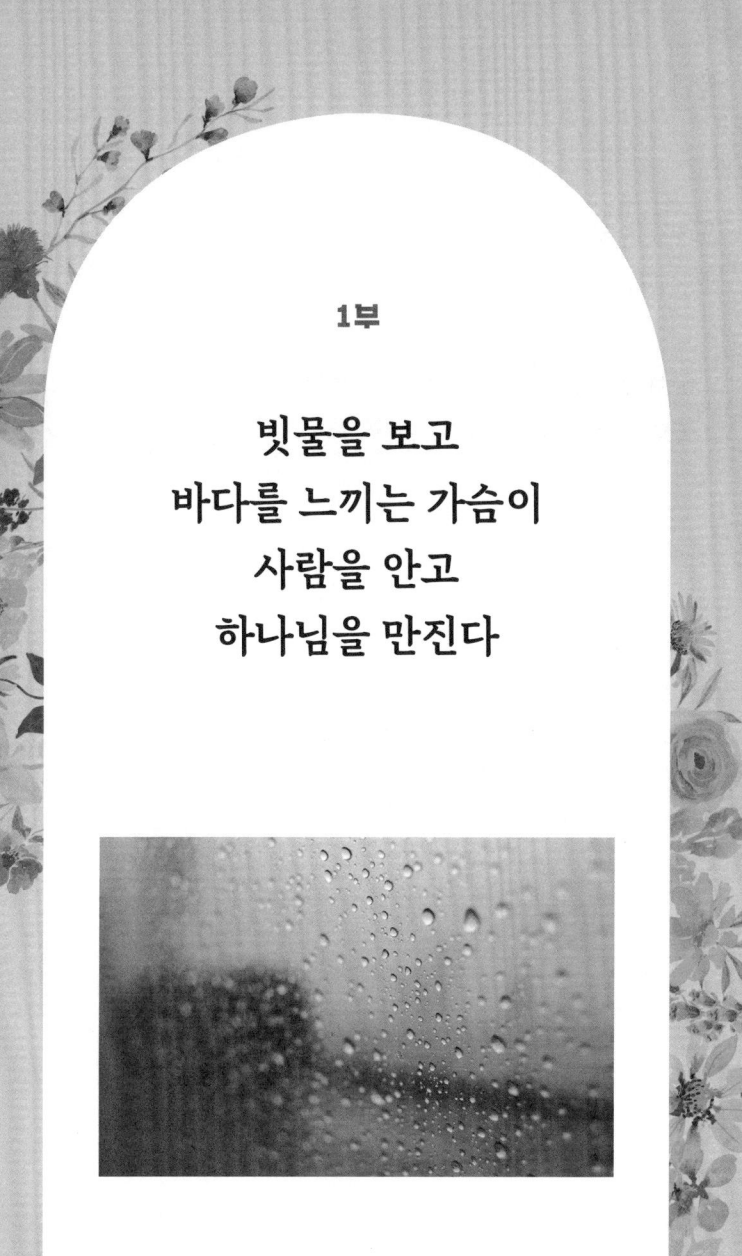

꽃 1

깊고 깊은 숲속
맑은 샘물가

그 꽃이 핀 곳은 선과 악이 없는 세계이므로
그 꽃도 여지껏 이름을 알 수 없는 꽃이라네.

펴다

단순하다
새가 하늘을 나는 이유
땅을 사랑하지 않고
하늘을 사랑하기 때문이다
다들 자기가 사랑하는 것에
모든 걸 펴는 것이다
새는 하늘에
날개를 펴고
벌레는 땅에
몸을 편다.

언어의 탄생

짙은 어둠의 깊음 가운데
없음만이 있었고
축축한 웅덩이에는
뜻 없는 소리들만이
어지럽게 떠다니고 있었다

아,   부,

　　헤,

　　　뮈-

　샤,

최후의 원인이 던진 낚싯줄에
소리가 덥석 뜻을 물었다
월척이다 첫마디는
'응애'
태초에 빛이 있었나니-

소나기

새하얀 는개에 감싸인 빌딩들
눈 내리는 겨울 숲을 꿈꾼다
하늘에 울리는 뇌성
깨어진 별들이 반짝이며
아스팔트 위로 흐른다

나는 늘 너에게 흐른다
네가 부서진 흙가슴 안고 있을 때도
그곳이
숨 막히는 콘크리트
작은 틈새일지라도

너는 언제나 나의 숲,
나는 너의 강, 너의 생명.

나무에게

나무야,
너는 세상에서 가장 작은 알에서 부화하였다
너는 날지 못하는 숙명을 안고 태어난 새
그리하여 너는 늘 하늘을 향해 네 날개를 드리웠다

나무야,
너는 새를 사랑한다
새는 너에게 먼 나라의 이야기를 들려주었어
새가 전해 준 영원한 나라의 소식에
너의 푸른 옷깃이 나부꼈었지

나무가 하늘을 나는 나라
눈부시게 반짝이는 푸른 날개가
마침내 자신의 꿈을 이루는 나라

나무야,
너는 가슴속 겹겹이 새겨지는 하나의 이상을
조용히 동그랗게 품에 그리며
오늘도 땅을 사랑하고 하늘을 노래하는구나.

새는 우는가 노래하는가

슬플 때는 새가 운다 말하고
기쁠 때는 새가 노래한다 말한다

새가 운다 하니 마음이 슬퍼지고
새가 노래한다 하니 마음이 기뻐진다

새는 우는가 노래하는가
나는 슬픈가 기쁜가

나는 결정하는가
나는 결정되는가

슬픔인지 기쁨인지 모를
드높은 축복 위에서

새는 눈부시게 날고 있다.

꽃 2

나를
헐벗고 주린
가련한 영혼을 불쌍히 여겨
그토록 곱게 빛나는
천국이 살포시 내려와
가만히 내게 안기었다 해도
그리하여
가슴 저미는 무언의 향수와
결별하였다 해도
아쉬워하거나 슬퍼 않으리
나는 잠잠히 영원의 젖을 빠는 갓난아기
그대의 순진하고 달콤한 향기를 마시네
부재와 결핍이 천국을 향해 부르던
그 영원의 빛을 띤 그리움을
이제 더는 노래할 수 없으리
한 송이 천국을 손에 쥐고
입 맞춘 이 아침에.

바다의 노래

내 마음은 바다
하늘만 담고 싶어요
하늘만 닮고 싶어요
당신의 마음 그대로 비추어
내 마음속 깊은 곳까지
영원의 빛 띠고 싶어요

설레이고 설레이는 순간순간마다
당신을 위한 노래 부르고 싶어요

내 마음은 바다
어느 날 따스한 눈빛으로
당신이 오라 부르시면
눈부시게 웃는 당신께 날아가
천사처럼 새하얀 구름이 되고
세상에는 고운 소금만 남기고 싶어요.

지상 위의 이상한 일들

나는 악의 세계에서
천상의 아름다운 꽃이 피어나는 것을 보았네

나는 선의 세계에서
묵은 껍질처럼 굳어져 있는 오랜 거짓을 보았네

나는 언덕 위의 싱그러운 꽃이 화분에 담겨
아무렇지도 않게 시드는 것을 보았네

나는 거미가 흰 실을 뽑아 영롱한 안식처를 짜고선
가련한 먹이들의 육즙을 빠는 흉물스러움을 보았네

나는 하얀 옷을 입은 악마와
검은 피부를 가진 천사들을 보았네

완전히 검은 악마도 완전히 하얀 천사도 찾지 못했네
나는 그들의 날개가 모두 얼룩덜룩하다는 것을 알았네

나는 순수를 외치는 입에서 검은 침방울이 튀는 것을 보았네
잿빛 망토에 덮인 얼굴이 아기처럼 순진한 것을 보았네

나는 이 모든 이상한 일들을
에덴의 동쪽에서 보았네.

 빛

세상은 은총의 빛으로 살아갑니다
나무는 햇빛이 비치어 자라납니다
숲은 달빛이 비치어 포근합니다
강물은 별빛이 비치어 깊어집니다
나는, 나는 당신의 눈빛이 비치어 예뻐집니다.

To David

용사여,
나의 전사여 일어나시오
밤이 깊어 가오
마지막 전투가 우리를 기다리고 있구려
지금껏 우리와 함께하신
우리의 왕, 위대한 신 앞에 맹세하리
끝까지 이 불굴의 싸움을 싸우리라고,
뒤로 물러나지 않겠노라고
무수한 적들에 에워싸일지라도
우리의 자유를 위하여
영원한 우리의 나라를 위하여
그대와 함께라면 죽음도 두렵지 않소
나의 용사 붉은 다윗의 아들이여
일어나오, 이제 그대의 검을 드시오.

측은한 밤

비가 오늘 밤도 추적추적 내리고
날은 며칠째 햇빛이 비치지 않고
코로나로 공장들은 몇 달간 일감이 없단다
축 늘어져 마르지 않는 빨래처럼
사람들 얼굴이 측은한 밤
먹고 살아야 하기에
집에서 기다리는 마누라와 새끼들
먹여 살려야 하기에
이 밤에도 밀린 상가 임대비 걱정이
눈꺼풀에 잔뜩 내려앉은 사람들
살아 있음에 감사하지만
살아 있음이 이다지도 측은한 밤
날아가는 새도 먹이시는 하나님
새보다 귀중한 사람들인데 오늘도
어디선가 사람들이 굶어 죽었습니다
무엇 때문에 나는 여기 있고
그들은 거기에서 죽어 가나요
무엇 때문에 새는 날고 사람은 매여 있나요
무엇 때문에 개는 간식을 먹고
사람은 짐승처럼 죽어 가나요.

강과 바다

물은 물에게 끌리고
강은 강을 부르고

강물은 강물과 손잡고
먼 바다로 흐른다

내가 너에게 흐르는 것은
네게 무슨 강 있어서인가

네가 나에게 흐르는 것은
내가 무슨 강이어서인가

네게 흐르는 강은
내가 물이 되어 흐르고 싶어 하는 곳

내게 흐르는 강은
네가 바다 되어 기다리고 싶어 하는 곳.

하늘 위에

회색 구름이 덮은 하늘 위에
파란 하늘이
파란 하늘보다 더 위에
별이 빛나는 하늘이
별이 가득한 하늘 저 너머에
불꽃같은 눈동자가 이글거리는
참 하늘이 있다

오만한 인간이여!
네 눈에는 안경이 있다
검은 안경으로 검은 하늘을 보고
붉은 안경으로 붉은 하늘을 본다
네 안경을 벗으니
네 눈에는 욕망의 뿌연 비늘이 그대로 있다

참 하늘이 빛을 비추는 땅 위에 쓰러져
다마스커스로 달려가던 길 위에 쓰러져
네 눈의 뿌연 안막이 찢어진다
네 눈에서 눈물이 흐른다
더듬으며 너는 고백한다

그 하늘 위에서만
그 하늘 위에서만 참 하늘을 볼 수 있노라고.

나는 모른다

같은 비가 내리고
땅은 어제와 다르지 않다
나는 모른다
왜 어떤 것은 피고 어떤 것은 지는지
새는 두 날개로 빗속을 날되
그 날개가 무겁지 않은지
빗물을 보고 바다를 느끼는 가슴이
사람을 안고 하나님을 만진다
하나님이 하시는 일을
사람이 어찌 다 알 수 있으랴
빗방울이 바다를 넘겠는가
인간의 사랑이 신의 사랑을 넘겠는가
안심하라
너 옹색한 마음이여
네가 느끼는 우주도
하나님의 티끌보다 작은 것이니.

방울토마토

예쁜 빨강 구슬 영글었구나
너는 포슬한 흙가슴을 사랑했지
흙가슴은 네 유일한 양식이었어
비와 햇빛과 바람이
너에게 입 맞추고 속삭일 때
너는 얼마나 행복했었니
그 힘으로 초록 콩알 같던 네가 자랐잖아
그 모든 것
하늘이 너에게 내려 준
축복의 선물
네 안에 가득한
흙냄새,
비의 싱그러움,
바람의 아삭함,
햇빛의 달콤함을
한입에 쏘옥 넣고 깨문다
입 안에서 안드로메다가 까르르 터진다.

그립습니다

내 안에는 마르지 않는 샘이 있어
더 이상 물을 찾아 헤매지 않습니다
나는 어디에서도 이제 목마르지 않습니다
다만 홍수의 나날들 속에
물이 물을 부르듯
맑은 샘물이 보고 싶습니다
깨끗한 샘물이 보고 싶습니다

종소리가 울리는 계단을 오르면
풍금 소리에 꽃들이 춤추던 하늘과 땅
기다란 창문 밖 하늘대는 풀들이
천상의 빛으로 손짓하였습니다
성가복은 길고 하얬습니다
목사님은 거룩하였습니다
밖에서는 꿀벌이 윙윙 대는 소리
아, 나는 시냇물 소리에 아득하였습니다

배가 불룩한 크리스마스의 마리아
어른들은 트리 아래서 웃었습니다
천사들의 노래를 부르던 아이들
밖에는 흰 눈이 내렸습니다

난로의 불빛은 따스하였고
사람들 얼굴은 붉었고
산타는 내 모자에 몰래 빵을 넣었습니다

내 안에는 마르지 않는 샘물이 있어
더 이상 물을 찾아 헤매지 않습니다
나는 어디에서나 이제 목마르지 않습니다
다만 강이 강을 그리워하듯이
맑은 샘을 간직한 그들이 그립습니다
누이처럼 아름다운 우물물이 그립습니다
오빠처럼 다정한 샘물이 그립습니다
순하고 고운 눈망울이 그립습니다.

# 역사

너와의 시간은 시대라 부르고
너의 언어는 이데올로기라 부른다
어제의 옷은 낡는다
그러나 네 영혼은 푸르다
어제의 해는 진다
그러나 네 눈빛은 지지 않는다
어제의 펜대는 부러진다
그러나 잉크는 마르지 않는다
목숨을 다하던 충성은 멸시받고
어제의 가치는 버려진다
세상은 너를 시대의 산물이라 하여도
그리하여 네가 지푸라기처럼 초라해지더라도
네가 한때 인간과 신 사이에서
걸었다는 사실은 의미 있는 일이다.

벗에게

빗소리에 잠이 깼다
창을 조금 열어 두었다
다정하게도 내린다
다정하여 자주 앓는 네 다사로움처럼
새는 어디에 앉아 저토록 맑은 소리를 낼까
멀리 비가 너의 대지도 적시고 있겠지
너는 조곤조곤한 소리를 듣고 있겠지
꽃잎이 질까 조마조마도 하겠지.

나의 왕께

당신은 베토벤 9번 교향곡입니다
당신은 사하라의 별입니다
당신은 하늘, 또 무한한 대지입니다
당신은 눈이며 바람이고 노을이며 별입니다
당신은 꽃과 안개, 숲과 바다입니다
당신은 수학이고 과학이며 철학이고 역사입니다
당신은 음악입니다, 모든 예술입니다

아니, 당신은 모든 것을 지으신 분
모든 것 위의 모든 것 되시는
최고의 예술가입니다

저는 사랑합니다
모든 당신의 언어, 당신의 글들을
그중 무엇보다
당신의 가장 신비롭고 아름다운 작품
'인간'이라는 시를 가장 사랑합니다
아, 그립습니다
당신의 편지와 시를 날마다 읽으며
당신을 만날 날만 고대하고 있습니다
약속하신 대로 그렇게 해 주실 거지요

당신 곁에 언제까지나 있게 해 주실 거지요
당신 곁에 영원히, 가장 가까이
저의 단 하나의 소원은 그것뿐임을 아실 테니까요.

포화 속에서

큰 바람, 오랜 비에
들판의 여린 풀들 상하고
꽃들도 지쳐 쓰러져 간다
살아남아야 한다 끝까지
견디고 견디며 살아남아야 한다

너와 나 사이 철조망 놓아
좌로나 우로나 가르려 해도
북 이스라엘, 남 유다 찢으려 해도
우리는 서로 손 놓지 말자
우리는 총부리 겨누지 말자

사랑하는 형제여
사랑하는 벗이여
흩어진 내 가족
나의 피, 나의 살이여
피 흘림으로 얼싸안고 이 길을 가자

속지 마라 속지 마라
너와 나를 이간질하는 간교한 소문
짐승보다 무서운 것은

너와 나의 총부리
짐승보다 무서운 것은
너와 나의 철조망

짐승의 이빨보다 무서운 것은
짐승의 발톱보다 무서운 것은
너와 나를 미치게 하는
보이지 않는 짐승의
교란 신호음.

양파

군주답게 똘똘 뭉친 하얀 독선
층층이 두터운 인식의 껍질들은
한계를 보이지 않는다
양파는 과연 열렬하고
그 속은 온전히 하얗다
순국적으로-
벗기면 벗길수록
눈물 나게 매운 양파
그러나 나는 안다
양파는 선한 채소
떼어 내고 떼어 내도
붉은 장미 꽃잎처럼
양파의 정도 겹겹이 끝없다는 걸.

마지막 장

마지막을 향해 가는 길
진실을 말해 줘요
부서진 타이타닉호에서 너는
바이올린 마지막 장을 연주한다
처음처럼 늘 세상은 그래 왔다고
에덴을 떠난 이래
네가 태어나기 전부터

언제나 그랬다고
폭우도 지진도 전쟁과 역병도
이곳은 언제나
밤과 낮이 있는 인간의 나라
늘 그랬던 거라고
또 늑대야 소리치지 말라고
양치기 소년 짓은 그만하라고
개도 조용히 졸고 있다고
마지막까지 죽어 가는 자들은 행복해야 한다고.

Nella Fantasia

내가 사슴이고 네가 여우여도
우리 서로 다정한 애기 나눌 수 있겠는가

내가 사자이고 네가 얼룩말이어도
우리 함께 초원을 달릴 수 있겠는가

내가 장미이고 네가 양이어도
우리 함께 들판에서 춤출 수 있겠는가

친구여, 그리스도는 나를 위해 대신 죽었다

나는 불이고 너는 물이어도
우리는 두 손 잡을 수 있겠는가

나는 물이고 너는 기름이어도
우리는 서로 껴안고 놓지 않겠는가

나는 유다인이고 너는 사마리아인이어도
우리는 서로의 피를 닦아 주겠는가

친구여, 그리스도는 원수인 나를 위해 대신 죽었다

어느 날 네가 몹시 배고파
나의 발꿈치를 깨물었대도

나는 두 눈을 감고 기꺼이
너의 양식이 되어 주겠는가

내가 배고파 몹시 굶주려
너의 살이 아름답게 빛날 때에도

나는 날카로운 내 이를 뽑고
너의 고운 살을 지킬 것인가

형제여, 그리스도는
원수인 나를 사랑하여 대신 죽었다

친구여, 형제여
너는 나를 용서하려느냐

친구여, 형제여
나는 너를 용서하련다

여우여 네가 목덜미를 물어 피 흘린
사슴은 너를 용서하고자 한다

여우여 너는 사슴에게 기꺼이
너의 머리를 숙이겠는가

양이여 너는 이제 장미를 먹지 않겠는가
장미여 너는 이제 가시를 뽑겠는가

뱀이여 너는 이제 아이의 손을 물지 않겠는가
아이여 너는 이제 뱀과 친구가 되겠는가

그대여, 그리스도는
반역자와 하나 된 나를 사랑하여 대신 죽었다

오, 줄리엣! 내 이름은 왜 로미오인가?
오랜 원수의 가문임에도

나 로미오는 그대를 사랑한다
그대는 나의 사랑, 나의 연인

그대는 나의 욕된 가문을 용서하려는가
나는 기꺼이 그대의 가문을 용서하련다

그대가 만일 오늘 또 다시
나의 흰 발꿈치를 깨문다 해도

나는 일혼 번이라도 그대의 약함을 용서하련다
사랑이여, 그리스도는 언제나 나를 용서하신다.

그대가 없다면

무슨 소용인가
무지와 절망으로 닫힌 이 세계의 벽 위에
나의 부끄러운 이름이 찬란히 쓰여진다 하여도
그것이 무슨 소용인가
그대가 없다면!

무슨 소용인가
해골이 뒹구는 닫힌 세계의 한가운데서
넉넉한 양식과 재물로 나의 안전을 보장받고
잠시 망각이 주는 거짓 평안을 맛본다 하여도
그것이 무슨 소용인가
사랑하는 그대가 내 곁에 없다면!

무슨 소용인가
무슨 소용인가 그대여
내가 이 닫힌 세계의 단 위에 높이 서며
죽어 가는 이들의 왕이 된다 하여도
잠시 어리석은 우월감에 도취된다 하여도
그것이 무슨 소용인가
사랑하는 이여, 그대를 잃는다면!

무슨 소용인가
아, 이 모든 노력과 수고와 땀이 대체
무슨 미친 짓이란 말인가
출구 없는 갇힌 세계 안에서
끝없이 바람을 좇아 애쓴다 하여도
그대가 문 열어 주지 않는다면!
나의 빛 그대를 볼 수 없다면!
사랑하는 이여, 그대를 영원히 잃는다면!

등불을 들고

잠자던 자가 일어나 등불을 켠다
복 받은 자들이여!
뜨거운 마음의 불 어디서 타오르는가

불타는 등불은 나의 기름으로부터인가
그의 불씨로부터인가
열심도 사랑도 운명인 것일까

그가 나를 먼저 사랑했으므로
무지와 어둠의 자궁에서
나는 역사처럼 태어났다

피 흘리며 나를 해산한
그리스도의 침상
십자가는 피로 젖었다

뜨겁고 환히 타오르는
거대한 사랑의 심지
사랑은 그렇게 위에서부터 왔다.

 ## 가끔

가끔 가슴속에서
나비 날개가 팔랑거릴 때 있어
연약하고 부드러운 아픔이
한두 번 날갯짓
그리곤 따스해지는—
아름다움을 본 순간들이야
나비도 그땐
내 안에서 나오고 싶어 하는 걸까.

 # 풀

바람이 분다
풀이 운다
바람에 떨며 운다
비에 젖어 운다

낮은 곳으로 간
풀은 오래 전
꽃을 버렸다
이름을 버렸다

풀이 우는 까닭은
꽃이 없어
이름이 없어
서러워서가 아니다

풀이 운다
강한 풀이 운다
대지를 감싸 안고도
풀의 푸름은 검은 슬픔으로 운다

엎드려 목메어 운다
한 사람을 기다리며 운다
그를 덮을 저 검은 흙더미가
서러워 운다

깊은 구렁
영원한 어둠
구더기들의 모욕이
저주스러워 운다

피할 수 없는 절망
그 절망을 덮고자
풀은 날마다
지구를 감싼다

살아 있는 것의 아름다움
영원한 영광을 간직한
푸른빛으로 풀은
모든 검은 흙을 덮는다.

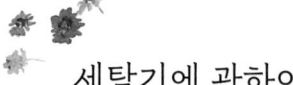

세탁기에 관하여

세탁기여-
가련한 콩쥐와 세상의 하녀들을
해방시킨 너는
우리들을 여주인이 되게 하였다
여느 왕국보다 앞선 첨단 문명
왕비들도 먹지 못한 산해진미
따뜻한 물의 수도꼭지
갖가지 고운 의복들
넘을 수 없던 빨래 더미의 운명을
가뿐히 넘어 나는 여주인
호박마차 대신 승용차를 타고
시계는 자정을 가뿐히 넘어간다
유리구두가 작아도 상관없다
유행하는 스니커즈를 사서 신고
그의 키스가 없이도 잠꾸러기 미인은
알람으로 스스로 깨어난다
윈도우를 열고 지식의 숲에 들어가
다리를 꼬고 페미니즘 강의를 듣는다.

세탁기여 너는 우리를 해방하였다
손 시린 겨울강가에서

불 때는 아궁이에서-
나는 에디슨을, 오 테슬라를 사랑한다
그리고 특별히
너를 만들어 준 누군가를-
몹시도 실은 고맙다
나에게 따뜻한 욕조와 실시간 음악
오븐의 여왕이 되게 해 준 그들은
다름 아닌 남성들-
한 번쯤 고맙다고 말하고 싶었다
적군과 악한으로부터 지켜 주는
용감한 사나이들도 남성들-
갖가지 억울함이 앞선다지만
누군가 고맙다고 말하기를
시작해야 하겠기에
고마움을 말하는 건
부끄러움이 아니기에-

어떤 종류의 수고로운 선물이건
탐욕스레 잡아채느라 부산한 통에
불평과 원망에 찌부린 새처럼
기억할 줄 모른다

느린 음미에서 찬찬히 감도는
미끄러지듯 빛나는 우아한 음률,

감사의 고상한 즐거움을-
땀 흘린 우리들의 아버지들에게
또 우리들의 남자들에게-
그들은 어쩌면 우리들을 지배했다
억압했고 무시했고 짓밟았다
그러나 그들만이 또한
위험한 우리들을 그토록 사랑했고
우리의 노예이기를 자청했으며
우리들을 해방시켰다
어떤 나무나 햇빛이나 돌들보다도-
그렇지 않은가 그녀들이여,
코르셋을 벗는 전사들이여,

이것은 기억하자-
메갈리아의 이브들이여
그들을, 영웅들을,
성스러운 우리가 낳았음을-
우리의 연약한 젖가슴과 무릎이
그들을 길렀음을-

그토록 강하고 억세며
한없이 나약한 아기들을-
우리들의 수류탄은
우리들의 따스한 가슴이다

우리들의 총탄은
우리들의 고운 눈동자
우리들의 함성은
부드럽고 현명한 목소리-
그들은 괴로워 쓰러진다
우리들의 눈물에-
그들은 피 흘리며 목숨을 바친다
우리들의 미소에-

장미

너의 입술은 보드랍다
너의 숨결은 향기롭다
너는 불꽃처럼 강하다
너의 눈은 겹겹이 신비에 싸여 있어
나는 너를 수수께끼라 부른다

야생의 작은 짐승이여
너는 별이 가득한 밤하늘처럼
아름답고도 무섭다

너의 이름은 무엇인가
그것은 장미
오직 하나이다

다른 이름은 없다
그렇지 않다면
너와 나는 이 낯선 나라의 국경을 넘으며
혁명의 피를 흘려야 하리라

유대인이건 이방인이건 사마리아인이건
신은 모두를 사랑하는 분

너의 지위, 너의 나라, 너의 철조망이
아무리 엉겅퀴일지라도

너는 장미
그 기원은 한 분의 신이다.

사과 제조법

서걱이는 흙과 깨끗한 눈송이를 뭉쳐요
거기에 꽃잎을 잔뜩 이겨 넣고
풀도 한 움큼 넣어요
참, 잊지 말고 작은 새도 넣어 주세요
잠자는 새여야 해요
이제 비 천사가 눈물을 백만 번 흘려요
바람 천사는 천만 번 숨결을 불어넣고
햇빛 천사가 억만 번의 키스를 하면
향긋하고 탐스러운 사과가 열려요
단단하고 둥근
과일들의 아르케가
이제 새를 깨워요
아침 산 공기를 깨무는ㅡ
작은 메아리 울리고
반짝이는 시냇물, 달콤하게 흘러요.

단 하나의 태양

오, 하나의 태양!
오로지 하나뿐인 태양이여!
넓고 푸른 천정에 매달린 황금 백열구
단 하나뿐임에도 그대는
모든 붉은 심장들의 동력이로구나

오, 하나의 사랑!
오로지 하나뿐인 사랑이여!
높고 거룩한 보좌에 앉으신 영광
단 한 분뿐이심에도 그대는
모든 눈물 흘린 진주들의 광채로군요.

사랑한다는 것

사랑한다는 것은
살아난다는 것
세계가 갓 태어난 아기처럼
경이로움의 포대기에 싸여
나에게 가만히 안기는 것

늘 같은 색의 정물로 죽어 있던 풍경이
모네의 인상주의 기법으로
매 순간 빛들의 춤을 추며 꿈틀대는 것

사랑한다는 것은 그렇게
하루하루가 새로운 계절을 입는 것
사계가 아니라 365계로
매 순간의 빛과 온도마다
습도와 소리와 바람결마다
아름다운 세계의
스펙트럼이 무한히 확장되는 것

너만을 사랑한다는 것은 거짓말
사랑은 네가 부싯돌이 되어
우주에 환한 빛을 켜고

살아 있는 모든 존재들이
경이의 불꽃놀이를 펼치는 것
또한
모든 이가 그토록 귀한 것임을
알아 버리는 휴머니즘

사랑한다는 것은 그리하여
살아 있다는 것의 아름다움을 알게 되는 것
이 모든 것을 지으시고 알게 하신
그분의 옷자락에 손이 닿는 것
그리고 그 신성에 가만 접붙임 되어
마침내 그분께 온 마음으로 엎드리게 되는
거룩한 예배이다.

2부

죽음의 비밀처럼
단단히 봉인되었던
오랜 봄날의 약속을

새로운 거미

거미는 일을 한다네
빛나는 아침에 다시 태어난
거미는 새 일을 한다네

어느 잃어버린 날들의
암울한 매혹으로 끈적이는
파멸의 실을 뽑지 않는다네

끊임없이 속에서 솟아나는
면화처럼 희고 순수한 실
즐거이 실을 뽑아 일한다네

실로 그림을 그린다네
신비롭고 추상적인 무늬로
왕국의 지도를 그린다네

비 오는 날엔 영롱한
물방울이 진주처럼 매달리는
자신만의 작품을 짓는다네

거미는 매일 짓는다네
기쁜 노래의 악보를 짓는다네
친구들과 만날 광장을 짓는다네

더 이상 비애의 실을 뽑지 않네
누에처럼 자신을 가두어 잠드는 실
그런 슬픔의 흰빛 아니라네

흉측한 외로움, 한없는 슬픔
견딜 수 없어 소통의 실 뽑아 보는
수척한 가련함이 아니라네

음침하고 후미진 구석에 앉아
고립된 먹이의 골수를 빠는
절망과 어둠의 덫이 아니라네

거미는 다시 짓는다네
하늘 땅 사이에 짓는다네
하늘 땅 잇는 그물을 짓는다네

하늘에 소통의 그물 펼친다네
아침마다 생명의 이슬 맺히는 그물
천사가 내려와 깃털을 문지르는 그물

거미는 다시 태어난 에덴의 거미는
즐겁게 노래하며 짓는다네
말할 수 없이 즐겁기 때문이라네

날마다 흥겹게 짓는다네
친구들을 불러 모아 함께 뛰어 놀
축제의 그네를 짓는다네.

4월

꽃의 산화-
무엇을 말하고 싶었니
눈물겹도록-
언 강변으로부터 걸어와
손 시리도록
너는 지키었노라
그 나라를
그 나라의 소녀들을-
들어 주는 이 없는
너의 모국어
그리도 간절했니
온 산과 들을 뒹굴며
네 몸에 향기를 끼얹고
무섭도록 진한 너는
그토록 뜨거운 불을 켠다
꽃 너는-

이토록 고운 하늘 아래서
– 6월에

하늘은 파스텔 톤의 파랑
햇빛은 반짝이는 정금
구름은 뭉게뭉게 흰 장미
바람은 졸린 고양이

아이들 웃고 뛰는 소리
이웃들의 순박한 이야기
길은 자유롭고
평화는 아름다워라

움직이는 화폭을 바라보는
따사로운 여름날 정취
이토록 고운 하늘 아래서
그날도 하늘은 붉지 않았겠지

이토록 고운 하늘 아래서
나뉜 적 없는 하늘 아래서
그날도 구름은 뾰족하지 않았겠지
그날도 바람은 사납지 않았겠지

아아, 이토록 고운 하늘 아래서
나뉜 적 없는 하늘 아래서
철책 위에 찢긴 적 없는 구름 아래서
사람들은 서로를 죽일 생각은 없었겠지.

雅歌

땅 위에 서 있는 그 누구와도 다른 분
세상에 하나뿐인 영원하신 아담이여
내가 나기 전 당신은 홀로 동산을 거닐었습니다
태초부터 당신 안에 감추어져 있었던
나는 당신의 신비로운 비밀
뼈근히 가슴 아리던 눈부신 흰 뼈
당신의 몸을 찢고 꽃처럼 태어나던 날
당신은 깊이 잠이 들었습니다
옆구리 창에 찔려 물과 피 흘렸습니다
나의 집, 나의 세계, 나의 주인
지극히 사모하는 내 요람이여
나는 영원한 당신의 이브
언제나 당신 품에 거하게 하소서.

그 사랑

꽃이 곱고 향기로워 사랑하는 건
악인들도 하는 사랑이라네
잎이 푸르고 싱그러워 사랑하는 건
죄인들도 하는 사랑이라네

참사랑은 이런 사랑이라네

꽃은 시들고 잎은 말라 떨어질 때
떨어지고 떨어져 바람에 흩어질 때
그 앙상한 가지를 껴안는 사랑
그 마른 잎을 두 손으로 받드는 사랑

그 사랑이 참된 사랑이라네

시들어 떨어지면 등에 업는 사랑
떨어지고 또 떨어지면 품에 안는 사랑
바닥에 버려지면 애지중지 감싸 안고
갓난아기처럼 숨결조차 살피는 사랑

그 사랑은 오직 신의 사랑이라네.

소녀를 위한 잠언

서둘지 마라
종종걸음 치는 새끼 말같이
소녀야,
아름다운 것은 허둥대거나 잽싸지 않다
자고로 아름다운 것은 쫓기는 법이 없다
우아한 숙녀는 천천히 걷는다
그녀의 단장은 시간이 걸린다
생각해 보렴
난자는 난포에서 한 달에 겨우 하나가 나온다
그것은 천천히 미끄러지며 관을 내려온다

침묵을 사랑하렴
참새처럼 재잘대는 소녀야
아름다운 것에 음영이 있는 건
고독을 친밀함에 양도하지 않았기 때문이지
아름다운 것
그것은 어쩌면 예쁘지 않아도 좋아
다만 아름다운 것 그것은 흔하지 않고
닿을 수 없는 것
가리워진 너울의 비밀을 지녀야 한다는 거야
경이와 낯설음

그것이 아름다움을 지키는 가시란다
아름다움이란
그것의 실체가 무엇이냐가 아니라
사실은 그것을 대하는 사람의
호기심과 욕망에 달린 거니까

사랑스러운 소녀야
아름다움은 너의 얼굴에서 나오지 않는다
그것은 너의 영혼,
보이지 않는 네 본질로부터 나온다
아침 햇살이 가리워진 커튼을 뚫고
눈부시게 새어 나오듯
뽀얀 안개 속에 덮인 산국화의 향기가
산허리를 가득 메우듯
너의 얼굴과 육체를 은은히 비추는
등불의 심지를 늘 살피렴

조급히 애타는 소녀야
거룩한 제물이 되는 소와 양은 되새김질을 한다
강하고 예리한 낫은 여러 번 담금질하고
두드리고 또 두드려 친다

이로운 음식은 빨리 끓지 않으며
진실한 사랑도 인내로써 입증된다

너의 시대는 5G로 빛처럼 달리지
그러나 기억하렴
꿈의 노래는 자전거 바퀴살을 굴리며 온다는 걸
기쁨의 메아리는 눈물 흘린 골짜기
위에서 울려 퍼진다는 걸
번개는 구름이 빽빽해져야 치는 법이다
달은 매일 조금씩 허물을 벗으며 자라고
책을 꿈꾸는 나무도 밤마다 땅 속의 물을 빤단다

아름다운 진주의 꿈을 꾸는 소녀야
순결한 아름다움을 늘 사랑하라
그리고 그것의 주인이신 신께
구한 후 낙심치 말라
그분의 응답은 대부분 천천히 온다
나이를 영원 살 드신 그분께서는
세월을 오래 오래 낚으신단다.

이름 1

사전에서
슬픔이라는 말을 지우면
그리고 그것을
환희의 감기몸살이라고 부르면
세상의 그 뜨겁고 달콤한 샘이 마를까

머나먼 순수의 악보
혹은 천국의 교향곡
그렇게 부르면
세상의 모든 그리움은 사라져
고요해질까

너를 꽃이라 부르지 않으면
너는 언 들판 땅속에서
언제까지나
언제까지나
새근새근 잠들어 있는 걸까.

매미에게

단 한 번의 생애를 위해
긴 시간 어둠 속에서 태양을 꿈꾸던 너
세상은
폭우와 어둠이로구나

너의 생애가
햇빛 비추지 않는
음울한 세월이여서
서럽구나

부르고 싶던 노래
목청껏 부르지 못하고
뜨겁게 울어 볼 무대 없이
축축한 생이어서 서럽구나

폭우에 휩쓸리고
진저리치며 쓰러진
매미야
너의 가혹한 운명에도 여름은 오겠지

그 운명을 견딘 너의 새끼들은
어느 여름날 짙푸른 나무 위에서
불꽃처럼 이글이글 노래하겠지
온 땅을 뚫어 버릴 듯 호령하겠지.

연극

비극은 희극의 바위틈에 싹트고
필연의 언저리에 드리운 복선
웅크린 암굴의 사자
불길한 꿈, 엉성한 예감
너는 칼로 사자를 찌르고
대본을 찢고 운명을 만든다
그는 새로 쓰여진 대본을 백지로 준다

작은 속삭임, 거대한 울림
친절한 그는 늘 길로 안내한다
광야, 숲, 절벽, 불 그리고 물로
속임수 없이, 속고 있을 때조차
네가 그를 굳게 믿는 한
그는 온갖 것의 권위
그의 가슴은 다사롭고 보드랍다

무대 위 꼭두각시 아닌 꼭두각시
머리털을 잡아당기거나
다리를 부러뜨리지 않는 그는
너의 심장과 귀에 숨을 불어넣는다
솜사탕처럼 부풀어 구름처럼 살포시

<u>스스로인 듯 스스로가 아닌 듯</u>
너는 신비롭게 움직인다

때로 착하고 상냥한 아이,
때로 불안스럽고 어리석으며
제멋대로인 피노키오처럼
절벽 위에서 바다 속에서 불 속에서
너는 자유로웠고, 고뇌하였고, 방황하였다
무대의 불은 꺼지지 않았고
변함없이 그는 너를 지켜 주었다

그는 자녀를 꾸짖음으로 입맞춤한다
얽매인 자유로부터 건져내 영원한 빛을 주려
그는 이방인을 입맞춤으로 방임한다
마지막 무대인 자들에게
마지막 찬란한 조명을 비추고
제한 없는 자유의 꿀을 허락한다
지옥으로 가고자 헐떡이는 자유까지를.

# 빙하

가슴이 얼마나 뜨거우면
그 모든 열정을 모두고 모두어
가슴 깊은 곳 중심에 꼭꼭 누른 채
지구의 심장이 얼마나 뜨거우면
빙하는 한 방울의 온기도 혈관에 흐르지 못하는
얼음산이 되어 버린 걸까
다만 홀연히 밤하늘에
먼 우주로부터
태양풍이 불어오는 날에는
그 투명한 맑음 위로
북극광이 펼치는 환상과 꿈을 노래하리라.

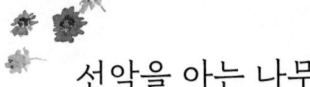

선악을 아는 나무

동산을 떠나
하와는 아기를 낳았고
고통으로 기쁨을 낳는 것
슬픔으로 아름다움을 낳는 것
죽음으로 생명을 낳는 것을 알았다
선에서 악이 태어났듯이
악에서 선이 태어나는 것도 알았다.

꽃 3

그렇다, 빈센트
우리는 아름다움만으로 충분치 않다
한 시절 햇빛을 끄는 것
빛깔과 향기로
시드는 운명을 잊고
평화를 이야기하는 것만으로는

깃발이 되라는 것이 아니다
양식이 되라는 것이 아니다
그것만으론 충분치 않다는 것뿐
너의 이름을 말하라
변명하라, 너의 기원을
왜 너는 웃는지

찰나의 기쁨
덧없는 날들의 무표정함 속에서
슬픔을 견디고
어둠의 빛을 껴안기로 다짐했다 하여도
그렇다
우리는 용기 그 이상이 필요하다

천진한 미소만으로는
어여쁜 순결만으로는
슬픈 자들을 위로할 수 없다
설명하라 꽃이여
자백하라 미소여
왜 너는 여기 빛나고 있는지
구더기가 갉아먹는
검은 슬픔의 뿌리에서
누가 네 가느란 몸에 생기 넘치는
초록 이슬 흐르게 하는지
형형색색 실크 드레스를 입혀 주는지
그것으로 우리를 시기케 하는지

왜 네가 시작하지 않은 숨결을 내쉬는지
왜 네 안에서 네가 모르던 빛깔이 드러나는지
왜 너는 약함으로 강한 것을 부끄럽게 하는지
지상의 여러 나날들 가운데
너는 빛날 것이고 또한 시들 것이다
그러나 너는 여전히 웃을 것이다

그리고 속삭일 것이다
이해할 수 없는 너의 승리
파멸 없는 네 아름다움의 이유를-
죽음의 비밀처럼 단단히 봉인되었던

오랜 봄날의 약속을
조그맣고 무수한 네 씨들을 쥐어 주며.

이유 1

고독이 싫어서 너를 사랑하는 줄 알았다
그러나 아니었다
고독할 때 나는 온전히 나 자신이 되고
고독할 때 나는 너를 가장 사랑하고 있었다
고독은 밤처럼 검고 너는 별처럼 빛나기에

꽃향기가 좋아서 네가 꽃을 사랑하는 줄 알았다
그러나 아니었다
너의 마음에 본래 아름다운 꽃이 피어 있었고
너는 그 천진한 고움에 다가가
오래전에 잊혀졌던 자신의 이름을
가만히 불러 주었던 것뿐.

사랑은 어디에서 태어나는가

그대는 사랑이 어디서 태어나는지 아는가
공원 벤치에서?
이국의 거리에서?
수도원에서?
그럴 수도 있겠지- 내 생각엔 말이야

사랑은 삶과 죽음 사이에 흐르는
희끄무레한 시간의 강가에서-
생명처럼 치열하게- 죽음처럼 역겹게-
일렁이는 물결들 가운데 느닷없이-
빛나는 무지개를 걸치고 서 있다네

그대는 사랑이 무엇으로 태어나는지 아는가
눈?
얼굴?
목소리?
그럴 수도 있겠지- 내 생각엔 말이야

사랑은 언어로 태어나는 것이라네-
존재의 구근인 언어-
생각해 보게

단 한 번 본 적도 없는 그리스도는
그의 살아 있는 언어로 나를 정복했다네-

사랑은 언어의 깃털로 날갯짓하며
조용히 날아와 집을 짓지-
언제 그랬냐는 듯-
가만히 비집고 들어와 존재에 둥지를 틀지
그리고는 온종일 삐약거린다네-

그대는 사랑이 어디서 죽는지 아는가
광야에서?
전쟁터에서?
시장에서?
그럴 수도 있겠지- 내 생각엔 말이야

사랑은 눈에서 죽지-
사랑은 눈에서 죽어 떨어져 나간다네
눈은 그리하여 밝아져
동물처럼 어리석고 따스하며
천진하게 말랑말랑하던 낙원은

저주받아 선악을 분별하게 되어
에덴에서 쫓겨난 이들처럼 똑똑해지지-
사랑의 주검은 그리하여

섬뜩하게 논리적이고-
딱딱하고- 차디찬 것이지-

구원

사자는 사랑을 행하려
찢어진 살코기를 건넨다

뱀은 사랑을 말하며
치명적인 독을 만든다

기생충은 사랑을 위하여
숙주의 피를 빤다

벌레는 사랑을 인하여
꽃을 파괴한다

모든 것을 위에서
지켜보던 그 사랑은

하늘에서 내려와
자신을 나무에 못 박았다.

구름

천부적인-
끊임없는 풍부의 변모
생성과 소멸의 재능
꿈틀거리는 몽상
빛들의 태동
시간의 희롱

순간이 순간 속으로 파고드네-

당신은 아버지이자
연인이고 친구이지요
왕과 꽃, 어린양과 사자
그리고-
랍오니, 오 나의 랍오니!
당신은 누구인가요

당신은 모든 것, 그 모든 것-

내게 나타난 선한 모든 것-
매 순간 당신은
기억과 꿈, 모든 갈망으로 귀환합니다

기가 막힌 모습으로 인화하고
현상하여 건네줍니다
당신의 흐릿한 초상을-

라푼젤

노래를 부르면 긴 머리가 황금빛으로 반짝이는
라푼젤을 숲에서 만났다
그녀는 나뭇잎들이 사운대는 숲길 위에서
내게 자신의 이야기를 들려주었다

어머니는 내가
들판에 핀 아름다운 꽃의 향기를 맡고
향기로운 꽃밭을 마음껏 걸어 보기도 전에
그 들판에 뱀이 있을지 모른다는 말을 하셨죠
어떤 꽃은 양귀비처럼 나쁜 것이라는 얘기를 들려주셨죠

어머니는 내가
시냇물에 풍덩 들어가 마음껏 헤엄쳐 보기도 전에
날쌘 물고기를 잡고 강을 건너며
하얗게 반짝이는 물빛에 얼굴이 까맣게 타 보기도 전에
그 물은 더럽고 연약한 너에게 물놀이는 위험하다고 말씀하셨죠

어머니는 내가
미지의 언덕 너머를 가 보기도 전에
저 국경 너머에는 괴물이 산다는 소문을 들려주셨죠
세상은 나쁜 사람들로 우글대는 곳

어머니 곁이 안전한 곳이라 말씀하셨죠
나는 자유를 알기 전에 복종을 배웠고
사랑을 알기 전에 법을 익혔죠

어느 날
사나운 아이가 괴롭히며 못살게 굴 때
나는 살쾡이 같은 그 눈을 찌르고 싶었음에도
어머니의 오래된 교훈이 생각나
이글거리는 가슴으로 말없이 서 있었죠

마음속 독수리를 죽여야 한다는 가르침에
나는 내 독수리가
죽여야 할 그 독수리가 대체 어디 있는지
찾을 수가 없어서 어리둥절했죠

어느 날 마을 어귀 사람들이 모인 곳에서
목소리가 큰 사람이 목소리가 작은 자들에게
독수리를 죽이라고 큰 소리 치는 걸 나는 들었죠

목소리가 크고 힘이 센 자가
목소리가 작고 힘없는 자에게

독수리를 죽이라 크게 외치자
독수리를 찾지 못한 힘없는 군중들은

아기 새가슴으로 홀딱이던 숨소리마저 죽이고
그만 꼴각하고 숨넘어가 조용해졌죠.

저물녘

깊은 바다 빛 어스름
시큰거리는 가슴
언젠가
누군가 부른
나의 이름이
바람을 타고 날아다니다
홀연
이름의 집으로 돌아오는가
별의 모서리로 살짝 긁으며.

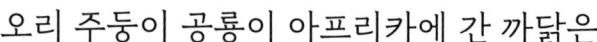

오리 주둥이 공룡이 아프리카에 간 까닭은

오리 주둥이 공룡이 둘리처럼
초능력으로 뗏목을 만들고
그 먼 바다를 항해해 가며
대륙을 건넜다고 합시다 그럼

캥거루가 호주에서 스코틀랜드까지
수백만 년 뛰기 연습을 하여
껑충껑충 훌쩍 바다를 넘고
대륙을 건넜다고 합시다 그럼

조개가 날마다 1미리씩 등산하여
수천만 년 땀 흘린 인내의 결과
저 높은 에베레스트산 꼭대기까지
기어올랐다고 합시다 그럼

나무가 오랜 세월 종이로 변하고
우연히 그 위에 흑연이 떨어져
수억 년 바람 쓿린 글씨들 모여
소설책이 되었다 합시다 그럼

우연히 바늘 하나 사막 위에 떨어져
수천만 년 지나가던 낙타털이 실이 되고
수억만 년 걸쳐 바늘에 꿰여
스웨터를 지었다고 합시다 그럼

우연히 아메바에서 진화한 고등 인간이
미분화된 무능하고 도태한 존재들을
가스실에서 죽이고 모조리 쓸어 버려도
무엇이 잘못이란 말입니까 그럼

죽은 다윈이 무덤에서 일어나
통탄할지 환호할지 모를 이야기
오리 주둥이 공룡의 행보처럼
미래는 오리무중 아닙니까 그럼.

당신이 아무리

당신이 아무리 높고 훌륭하다 해도
도도한 나는
당신을 이기려 했을 것입니다

당신이 아무리 멋지고 아름답다 해도
스스로가 귀한 나는
당신을 시기했을 것입니다

당신이 아무리 강하고 완전하다 해도
자유를 추구하는 나는
당신에게 굴복하지 않았을 것입니다

당신이 아무리 아름다운 말 속삭여도
냉정한 나는
당신을 비웃으며 시험했을 것입니다

그러나-
당신이 나를 위해
모든 것을 버리고 죽었음을 알았을 때-

나는 당신에게 정복당했습니다
나는 정복당하여
당신에게 사로잡히고

당신의 노예가 되고
당신을 갈망하며
오로지 당신에게만 복종하기를 꿈꿉니다.

대금

그 숲에서 익힌 건
하늘을 보는 것이었네
맑은 빗물 마시며
샛노란 마음 쑤욱 쑥 자라고
꽃비 내리는 날에는
여린 순도 가만히 설레었네
그러나 자라 갈수록 이상하게도
마음은 더 비어만 갔네

모두들 속이 차고
아름드리 울창한 숲 이루기 바쁜데
내 가슴은 더욱 가난해져만 갔네
하늘만 하늘만 사랑했기에
비워지는 가슴에
차오르는 바람이 불어오면
나의 숲에는 하늘빛
시린 물소리가 들렸네

비워진 것만이 전부가 아니었네
텅 빈 가슴에 구멍이 뚫리네
고통의 마디마디 구멍이 뚫리네

가슴 깊이 도려낸 상처에 피가 멎고
아물어 단단해지면
또 다른 구멍이 뚫리네
마침내 그것이 삶이 되네

어느 서늘한 저녁때인가,
불어오는 바람이 차고 머물 때
그 구멍 난 가슴 지그시 누르니
신비로운 소리가 나네
제각각의 높낮이를 지닌
바람이 춤을 추네

상처에서 흘러나온 바람이
음률이 되고
편지가 되어
멀리 멀리 날아가네
저 푸르른 들녘을 향해
바람이 향기로운 노래를 하네.

경제 1

세상에- 공짜는 없다
신도 사랑을 공짜로 주지 않는다
정의의 값을 치른다.

기도

싸워요-
우리의 저항은 무릎이에요
침묵은 저들의 벌벌 떠는 깃발
낭독해요 포고문을-
읊조려요 함성을-
귓속말해요 그분께-
그래도 충분히 들으신답니다
천사의 창끝이 번쩍이네요
속삭여요 드높이-
날아가는 나비 떼들
향기의 연무-
골리앗이 휘청이네요-
가슴을 쳐요-
고막이 찢어지도록 벼락이 칠 거예요
울어요-
산이 흔들리고 뽑혀서
바다에 풍덩 빠질 거예요.

소크라테스의 후예들

정신? 그런 것이 어디에 있지?
유행하는 좀비의 옛 이름인가?
소크라테스를 밟는 우리들은
아둔한 진주를 조롱한다
진주는 희지만 밥이 아니잖아
진실한 철학의 제자들은
껍데기의 철학을 표방한다

껍데기는 중요하다
껍데기가 가치 있다
껍데기 취급받지 않으려면 현자여
껍데기를 가꾸라, 껍데기를 바꾸라
우리는 피 흘리는 혁명아
용감하고 무서운 비너스
트렌드를 숭배하라

트렌드를 따르라
알맹이의 허상을 비웃으며
새로운 철학을 구축한다
시장의 미학과 광고의 사유는
도도한 하나의 껍데기 철학

빨간 저금통 문화를 이룩한
숭고한 풍요의 시대사조

고대 그리스 로마의 이상을
몸으로 구현하는 마네킹
기억하라 철학자는 가르치셨다
돼지는 고기가 중요하다
돼지는 지성이 중요하지 않다
돼지는 인격이 중요하지 않다
돼지는 고기가 중요하다

지방질 없는 쫄깃하고 상큼한 살의 향기로움
그것이 돼지에게 중요하다
사유 없는 진리
진리 없는 모색
진주를 밟는 우리들의 모토
실천하라 허위의식의 내란자
껍데기의 찬란한 문명을 꽃피우라.

가장 힘센 아기

세상에서 가장 힘센 아기
가장 작고
가장 연약한 몸으로
꽃잎 같은 부드러운 살결로
세계의 갑옷들을 벗겼나니
고요한 눈동자가
황동의 방패를 뚫었나니
무력한 아기의 울음으로
세계를 호령하였나니

나는 그 무엇에도
무릎 꿇지 않았으리
파라오에게도 시저에게도-
그 아기가 아니라면
그 아기가 아니라면
나는 정복되지 않았으리
나는 매이지 않았으리
그 무엇에도-
그 무엇에도-

그러나
그 아기로 인해
그 작은 아기의 탄생이
나에게 던진
영원한 포승줄로 인해
나는 세상에서
가장 약하고 가장 작은 포로가 된다
세상의 무엇보다 힘센
그 아기로 인해-

경제 2

도대체-
당신의 영광을 나타내려 지으신
모든 피조물들이
사고 팔리는 상품이 되고
세계는 통째로 대형마트가 될 것을
신은 상상이나 하셨을러나?
하나의 과목이-
모든 과목을 싹쓸이하리라고 말이지
나야 뭐 빵점이니 가격이 없고-
여기 주문받아요!
낙엽 지는 구수한 가을바람 두 드럼-
설레임 만드는 알프스 눈송이 다섯 박스-
깨끗한 얼음사탕 뾰족 고드름 세 막대-
그녀의 눈썹 같은 달 조각 한 컷-

있어야 제격

하나님,
사랑은 포슬한 케잌인가 봐요
그 안에 들어간 모든 것
결국은 달콤하게 익어요
하얀 밀가루도 짠 소금도 느끼한 버터도
흐늘거리는 계란에 약간의 쓴 소다까지-
그런 게 있어야 제격!

하나님,
인생은 맛있는 찌개인가 봐요
그 안에 들어간 모든 것
결국은 감미롭게 익어요
가끔은 울고 가끔은 웃고
가끔은 분통 터지고 가끔은 아픈-
그런 게 모두 있어야 제격!

포도나무의 노래

나의 사랑,
나의 포도나무여
그대는 나무, 나는 가지
나는 그대 안에 접붙임 된 후
단 한 번도 홀로인 적 없습니다

남들은 메마른 고독 속에 삶을 묻고
차가운 서리 속에 삶을 배우며
추측과 의문의 시들은 잎사귀에
묻혀 잠든다지만
나는 그대와 늘 함께 있어
날마다 송이송이 열매를 맺고
마침내 까맣게 익어 갑니다

달콤한 열매는 얼마나
따가운 아픔 속에서 익는가요
뜨거운 태양이 하얗게 내리쬐는 여름이건만
우물가에 심긴 우리의 잎사귀는
마르지 않고 청청합니다

그대여 나는 아무래도 이제 더 이상
그 옛날 뼈저린 고독의
창백한 목마름을 기억치 못하겠습니다
내 안에는 그 무엇도 빼앗아 갈 수 없는
그대 생명의 수액이 흐르고
나의 온몸에는 푸른 감빛의 기쁨이
늘 잔잔히 흐르기 때문입니다

감출 수 없는 지복스러움-
누가 나를 당신으로부터 빼앗아가겠습니까
내가 곧 당신, 당신이 곧 나인 걸-

나의 사랑하는 포도나무여
그대 넝쿨 안에서 나는 날마다
그대의 거룩한 빰을 묵상합니다
그대의 고귀한 표정을 잉태합니다
끊임없이 흐르는 이 달콤한 흐름이
내가 살아 있음의 표징입니다

나는 그대의 형상을 영글고자
마르지 않는 그대 영원한 침샘의

푸른 수액을 빨고
그대는 그대의 본질을 내게 주사

늘 나의 완전함이 되십시오

나의 사랑
나의 하나뿐인 포도나무여
우리들의 탐스런 포도송이는
날마다 짙게 익어 가고
정오의 푸른 손바닥 같은 잎사귀들도
향기로운 보랏빛 그늘을 드리웠습니다

자유 1

하늘이 온통 파랗다
자유를 상징하는 그 블루의 빛깔이다
길이 눈부시게 반짝인다
항상 거기 놓여 있던 길
그러나 내게 한 번도 선택받지 못했던 길이
오늘은 낯선 그 길을 걷기로 결정한다
나는 자유인이다.

겨울나무

나는 너의 은빛 머리칼을 사랑한다
저 푸른 잎은 알 수 없는 네 광활한 깊이를

나는 너의 굳은 살갗을 사랑한다
저 여린 살구는 알 수 없는 네 험한 폭풍의 상처를

나는 너의 구불구불한 주름을 사랑한다
저 곧은 가지는 알 수 없는 구불구불한 혜안을

나는 사랑한다 이 모든 것을
너의 푸르고 반듯한 영혼이 간직한
눈부신 아름다움의 껍질을.

선물

당신께 가장 좋은 것을 드리고 싶어
가장 귀하고 예쁜 것을 드리고 싶어
아무리 찾아보아도 맘에 쏙 드는 게 없네
하늘의 해는 당신의 브로치
둥근 달은 당신의 금시계
고운 별은 당신의 왕관보석
모두 다 이미 당신 것인 걸
나는 마음이 울적해지네
나를 위해 당신은 생명을 주시건만
나에게 당신은 모든 것을 주시건만
내게 있는 건 오직 나 자신뿐
그러니 나는 나의 호흡을 드리리
나의 생명, 나의 노래, 나의 숨결을.

시인의 기다림

반드시 오리라
언제인지는 모르나
한밤중이나 대낮이나
이른 새벽녘
또는 눈부신 아침에-

비 오는 날이나
눈 오는 날
꽃잎이 날리는 날
화요일이나 금요일
성스러운 일요일에-

밭을 갈 때나 사무실에서
운전을 하거나 산책하다가
청소를 하거나 아이를 씻기다
느닷없이 도적처럼
맞이하리라 홀연히-

나팔 불며 찬란한 광채로
구름 같은 증거들을 몰고서
언제인지 그 때는 모르나

시는 오리라
약속된 본질을 가지고-

그러니 항상
기다리고 있자
하얀 노트를 준비하고
처녀 같은 노트를
등유처럼 잉크를 꽉 채운 펜을 들고서

날마다 초롱 같은 눈동자 씻으며
순한 귓바퀴 주름을 닦으며
벼락같이 임할 시를 기다리자
불같이 임할 시를 기다리자
고도를 기다리듯이-

이름 2

누군가를 사랑한다는 것은
그 이름이 사랑스러워지는 일이다

열네 개의 자음과 열 개의 모음에서
가려 낸 그 이름의 음절이
참으로 따스하고 고와 보이는 일이다

그 이름의 음절을 깨끗한 종이 위에
반듯하게 써 보고 싶어지는 일이다

은은히 향기 나는 그 글자를
잔잔한 미소로 바라보는 일이다.

3부

나비 날개 데칼코마니처럼 충일함 그 일체를 알기 위하여

나는 멀리 있지 않다

나는 멀리 있지 않다
언제나 나는
그대 곁에 있다

그대 언 강바닥 걸어올 때
강물 속에 숨 쉬던 돌은
내 뼈이다

그대 여린 잎새 바라볼 때
선명해지던 잎맥은
내 핏줄이다

눈 내리는 길 위에서
그대 뺨을 만진 것은
내 손이다

비 오는 아침 그대 귓가에
나지막이 울리던 음률은
내 목소리이다

과일을 베어 먹은 후
그대 입안에 머물던 기원
그것은 내 향기이다

그대 잠든 밤
그 숨결의 문을 지키는
문지기가 나이다

그대 아름다운 심장을
쉬지 않고 펌프질하는
일꾼도 나이다

그대 입은 별들과 우주의 면사포를
날마다 규모 있게 다듬는
재단사는 나이다

그대 생애의 빛나는 시간들이
날아가 맞추는 과녁
그것은 나이다

그대가 마음에 사랑하는
영원한 본질
그것이 바로 나이다.

자유 2

그래
자유에 서라!
자유는 소중해-

나는 자유를
우리의 어머니를 사랑해-
나의 자유일 뿐 아니라
너의 자유이신 그녀를-

네가 네 마음대로 여자가 될 자유
남자가 될 자유가 있다면
나에게는 남자가 된 여자를 거절하고
여자가 된 남자로부터 피할 자유가 있지

그래
자유에 서라!
자유는 소중해-

네가 나의 가장 소중한 자를 잔인하게 죽이고도
인간이라는 이유로 다시 웃을 자유를 가진다면
나에게도 울부짖고 죽어 간 사랑하는 이를 대신해

너의 죽음을 요청해 원한을 풀어 줄 자유가 있어

그래
자유에 서라!
자유는 소중해-

너의 돈이 돈을 자석처럼 끌어 모아 산을 이룰 때
네가 멀쩡한 야채밭을 갈아엎고
너의 편리한 물건들을 만드느라
썩은 공기와 독극물을 만들어 낼 자유가 있듯이

나도 하루 종일 농장에서 너의 커피를 따지 않고
학교에 들어갈 자유가 있어
나도 앙상한 뼈와 하얀 눈으로 굶어 죽지 않고
신선한 공기와 물, 음식을 먹을 자유가 있어

그래, 그래
자유에 서라!
자유는 소중해-

너는 태어나자마자 풍요의 젖을 빨고
나는 태어나자마자 손가락만 빠는 이유가 뭘까
너는 처음부터 부의 대로를 달리고
나는 처음부터 기아의 감옥에 갇히는 이유는-

나도 너도 숭고한 자유의 아들인데 말이지
왜 신성한 그녀가 아버지께서 부여한
위대한 희년의 유산을 몰래 숨긴 채
이토록 못생긴 부자유를 계속 낳는 것인가

# 연

어디까지든 날아오를 수 있는
튼튼한 방패연이 되길
네가 갈 수 있는 곳 너머 더 먼 곳까지도
높이 더 높이 날아올라
저 먼 달에까지 이르러 우주를 맘껏 유영하길
나는 그런 너를 응원하고 환호해 줄게
네가 어디에 있다 할지라도
너는 나의 실과 얼레에 묶여 있고
나의 실의 길이는 끝이 없단다
때로
피곤할 땐 야트막한 언덕 위에
두둥실 떠올라 나와 정겹게 장난하고
웃으며 놀자
그리고 아늑한 저녁이 되면
나의 끝없는 실이 매인
얼레를 잠잠히 감을 테니
너는 내 품에 안겨
너의 무한한 안식을 누리렴
나의 사랑, 나의 아가야.

지병

버릴 것 없나 보다 주어진 것은
병조차 사실은 은총이라니
아름다움으로 인해서 고통당하는
아름다움의 모서리에 심장이 찔리는
그리하여 늘 일정한 피를 흘리는 병
약속 없던 생각의 침범에 시달리는 병
넘치며 고이는 액상의 정감과
사고의 부침을 애써 퍼내지 않으면
탁해지고 어두워지는 새의 가슴
굳어지는 담과 어혈
괴로운 신열과 현기증에
숨이 막히는 호흡
퍼내고 퍼내야만 맑아져 새하얀 가슴
그것이 그런 못된 천형이
하늘이 내린 은총이라니
살기 위해 써내야 하는
스스로의 치유가 은총이라니
쓸모없는 인간의 악습조차
눈 뜨고 가만히 살펴보면
모두가 진귀한 보석이라니
오늘의 미운 새끼 오리여

가만 자신을 바라보아라
너는 사실 세상이 알지 못하는
아름다운 한 마리 어린 백조란다.

어느 몽상가의 현재 진행형 벤치

솔직한 거짓말을 하지
똑똑한 바보는-
고장 난 바람개비가
부는 바람에 덜걱이듯이
계획적으로 미치고-

병은 병자를 사랑하고
병자는 병을 껴안는다
나는 너의 심장이 아메바에서 왔다고 믿지 않아
너의 아름다운 머릿결이
단풍잎과 고사리의 결론이라고 믿지 않아

길이 굽었을까 발목이 휘었을까
꿈은 알처럼 오지 않은 진실을
수줍게 개봉한다는 걸-
신성은 때로 그 위에 나부껴
바람과 구름을 일으키는 입김으로-

나는 우리가 남이라는 걸 수용하지 않아
내가 혼자가 아니라는 걸 위증하지 않아
죽으면 우리가 한 움큼의 안개가 된다거나

옷조차 걸치지 않은 허공이 된다 설득하지 말아
나는 에밀리 디킨슨이 살아 있음을 의심하지 않아

하늘에 뉴런이 번쩍여-
빽빽한 회색 구름
광기와 신성의 번개
뒤덮인 대뇌피질 위로
창조적 영감이 욱신거려

하늘이 시를 쓰려는가
비는 그의 논문이야
문을 걸어 잠그고 코로나 혁명서를 제출하고
머잖아 하나의 낯선 시어
뉴턴의 사과가 떨어지겠지-

맹목의 길 위에 우리가-
내일을 알지 못한다는 전언을 믿지 않아
너는 혼자가 아닌 것이 자명해-
네 심연의 우주 속에
모든 경험의 총체를 짐 진 채

돌아오기 위해 기어이 가야 하는
오래된 새끼 당나귀여-
네 어깨 위에

휘몰아치는 어둠 위에
응시하는 흰 별이 박혀 있다

십자가에 박힌 아픈 별이 빛난다
탄식하는 꽃 위에
절뚝거리는 바다 위에
떼 지어 죽어 가는 벌 떼들 위에
저 위대한 달팽이 위에-

TABOO

꽃을 키우지 말라
꽃이 질 때
네 가슴은 갈가리 찢어지고
피를 흘리게 된다

새를 기르지 말라
새가 날아갈 때
네 가슴은 퍼렇게 멍들고
하늘이 무너져 내리게 된다

꽃에게 이름을 지어 주거나
새의 이름을 부르지 말라
꽃과 새가 피고 노래하는 것을
너는 미소로 보고 들어라.

Imago Dei

신은 우리를 당신의 형상대로 지었습니다
그리하여 나는 그대가 두 눈을 가졌음을 알았습니다
정의와 은혜로 불타는 두 눈을

신은 우리를 당신의 형상대로 지었습니다
그리하여 나는 그대가 빛나는 이마를 가졌음을 알았습니다
모든 지혜와 지식, 총명의 이마를

신은 우리를 당신의 형상대로 지었습니다
그리하여 나는 그대가 성실한 팔을 가졌음을 알았습니다
모든 일에 미쁘시고 신실하신 팔을

신은 우리를 당신의 형상대로 지었습니다
그리하여 나는 그대가 열 개의 손가락을 가졌음을 알았습니다
만물을 창조하신 예술가의 손가락을

신은 우리를 당신의 형상대로 지었습니다
그리하여 그대는 늘 여기 있음을 알았습니다
내 안에 계시며 모든 만유에 충만하신 신의 마음을

사랑이여, 신은 우리를 당신의 형상대로 지었습니다
그리하여 그대가 내게 있음을 알았습니다
신이 없이 우리는 하루도 살 수 없기 때문입니다.

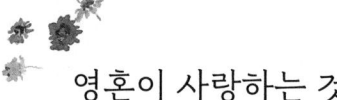
영혼이 사랑하는 것

영혼은 오로지 '진리'라는 남편을 사랑한다
영혼은 그리하여 진리의 어린 자녀들
책, 교훈, 자연 앞에서 늘 가슴이 뛴다
그들이 귀여워 부르고 노래한다

영혼은 오로지 '미'라는 아내를 사랑한다
영혼은 그리하여 미의 어린 자녀들
시, 예술, 사랑 앞에서 늘 가슴이 설렌다
그들이 사랑스러워 껴안고 입 맞춘다.

# 라헬

나는 너의 긴 머리카락에 매였다
함축된 히브리어의 신비에
나는 매였다 너울에 가리운 두 눈
눈부시게 흰 아람어의 허벅다리와
가나의 둥근 배꼽에
나는 너를 읽는다
몰약의 즙이 흐른다
너는 시를 말한다
아라비아 광야의 별들을.

# 몸과 영혼

몸

방금 산 하얀 속옷
산뜻한 티셔츠
화사한 수트
단추 떨어진 낡은 재킷
보풀투성이 늘어진 니트

영혼

풀잎에 맺힌 이슬
여울 물소리 요란한 개울
번쩍이는 뇌성의 폭우
깊어 가며 고요해지는 은빛 강
담을 수 없는 대양, 구름이 되다

이유 2

하나님은 지상에 사는 우리에게
빛과 어둠을 함께 주신다
눈부신 빛에 눈이 멀어 버릴까 봐

하나님은 사랑하는 우리에게
완전한 기쁨을 아니 주신다
우리들이 천국을 잊어버릴까 봐

그러므로
사랑은 이별의 반지를 끼고 구애하고
생의 웨딩드레스는 죽음의 수의로 짜여지며
고통의 빵에 기쁨을 발라 주시고
슬픔의 샘에는 달콤한 눈물이 흐르게 하신다.

밤의 실마리

미안해요
세상엔
쉽게 정의할 수 없는 것도 있다는 거
간단히 설명할 수 없는 것도 있다는 거
단순해서 그만 잊었어요
전 예술적이라기엔 다분히 고지식하죠
백남준은 피아노를 부수었다는데
전 여전히 바하를 연습해요
연의 자유, 그래요
전 무한히 연의 자유예요

바다는 얼지 않는 것인데
규정은 늘 표면을 장악하죠
얼어붙은 강 아래
물고기는 헤엄치건만
정리는 초등 교과적이죠
얼음은 시린 사상이죠
물은 뾰족하지 않은데
미안해요 찔렀다면-
얼음처럼 때론 물처럼
나는 무엇일까요-

그거 알아요?
얼어붙은 것에 화상을 입어요
타오르는 것은 식은 재를 쌓지요
선은 선의 바깥에서 얼굴을 보여 주고
보이지 않는 것이 지속의 구력을 지녀요
우리가 침묵하는 것들
뭐라 형용 못 할 비언어적 세계의
어슴푸레한 웅덩이들, 그 습지들-
아직 아담이 짓지 못한
이름의 미개간지인 거라고-

혹은
하늘의 촘촘한 체에서 새어 나온
세상은 담을 수 없는 낯선 것들
이를테면
천사의 속눈썹이라거나
흘린 음료 넥타르 같은?
나의 도량형은 불완전해요
저울이 잘난 척을 하죠
용서하세요
그분만이 정확하신데-

그래요
맞지 않는 신을 신고서

불편함을 감수하며 사는 게
우리들의 인생이죠
영혼은 세상의 옷이 안 맞아요
그렇지 않나요?
초인이 된다거나
뜨거운 태양을 탓하고
권총을 쏘는 일 따위로도
위로는 어림없죠

그러나 너무 슬퍼 말아요
우리에겐 완전한 혁신의 전환
영원이 있으니까요
고치가 되는 걸 견뎌요
우리의 깊은 소원의 길은
그 안에 잠자고 있어요
머잖아 웃을 날이 오겠죠
미리 미소를 연습해 두어도 좋아요
한숨은 그만
구더기들의 망언과 모멸도 그만 잊어요

햄릿처럼 우리는
영원을 고민해요
사느냐 죽느냐 그것이 문제니까요
모든 것을 이해하고도

모순이 없고
모든 것에 닿아도 안전하며
모든 것을 짓고 또 무한히 짓고도
달려도 뛰어도 소리 질러도
두려움 없을,
티끌 하나 없을

우리들의
우리들의 완전한 나라가
나아오겠죠- 아니
지금도 달려오고 있어요
지치지 않는 우리들의 심장
그 나라의 엔진으로 인해-
꽁꽁 묶인 실타래
그날엔 모든 것이 끊어지고
날 수 있을 테니
웃어요-

마라나타

님이여
저녁 해가 저물도록 나는
이곳에서 온종일 당신을 기다렸습니다

새벽은 어둠이 스러지는 미명이었습니다
당신은 밤색 머리카락을 내게 보냈습니다

아침은 장미꽃 위의 이슬이었습니다
당신은 맑은 눈동자를 내게 보냈습니다

정오는 눈부신 햇살이었습니다
당신은 빛나는 얼굴을 내게 보냈습니다

오후는 나무들과 꽃들의 정원이었습니다
당신은 고운 손과 입술을 내게 보냈습니다

이제 해가 저물어 갑니다
당신은 그토록 진한 향기를 내게 보냅니다

나의 신랑, 님이여 어서 오셔요
깊은 밤 드디어 당신 오시면
나는 영원히 당신 품에 잠들 것입니다.

새삼

눈이 녹는다
그토록 희고 아름다운 것이

눈이 사라지는 것 처음 보는가

꽃이 진다
그토록 여리고 고운 것이

꽃이 지는 것 처음 보는가

여름은 가고
하늘은 높아진다

늘 그렇듯
아름다운 것은 오래 머물지 않는다는 것

알면서
이 나이에 새삼 왜 울먹이는가.

대양의 물결

따뜻한 바람이 찬바람 위로
일어나는 것을 보라
그것들이 하나의 계절에 가닿는 것을
지상에 매양 불어오는 바람
그 감추인 신비의 수수께끼 같은 운행들을
무수한 눈이 달린 생의 수레바퀴가
모든 예감에 찬 꿈들을 싣고
사방으로 굴러가는 것을
나는 너를 알았다, 너는 이미 나의 것
예정의 문을 박차고
네가 낭떠러지를 향해 구른다 해도
그것을 아는가
그것조차 운명이 너를 위해 예비한 것임을
그리고 너는 결국 날게 될 것임을
다사로움도 시림도 마침내
계절의 꽃을 피우고야 말 것임을
물결이 오르락내리락하며
대양을 향해 흘러가듯이
삶과 죽음은
영원을 향해 나아가고 있음을.

꽃과 새

향기로운 꽃은 인적 없는 곳에 피고
맑은 꽃은 이슬로만 족하다

새는 하늘을 욕망하여 날지 않고
새는 해를 향해 깃을 세우지 않는다.

눈

순수가 드높은 여행에 지친 밤
오늘이나 내일은 발을 벗고
파자마를 입고
어린애처럼 꿈꾸며 잠들리라
달콤한 꿈결 하얀 솜이불
이리저리 뒤척일 때마다
사르락 사르락-
벌거숭이 밤도 포근하다고
새근 새근-
아이쿠야-
겨울의 솜사탕 기계를 돌리는
아기 천사의 실수로
몽땅 엎어 버린 설탕통 때문에
아이들과 강아지들이 혀를 내밀고
정신없이 뛰어다니고 있는 아침.

지옥에서의 청원

저 푸른 하늘, 눈부신 햇살
티 없이 맑은 숨결, 고운 눈망울
기쁨에 겨워 뛰노는 심장의 고동
용솟음치는 새 피의 왈츠여
아름다워, 오 너무도 너는 아름다워
복 받은 이여!
너의 흘러넘치는 지복의 강물
한 방울만이라도 우리 입에 떨어뜨려 다오
우리는 목이 마르다
그리고 가끔은 우리의 슬픔 한 방울 맛보아 주거라
아니 좀 더 너그러이!
저 비극의 주인공들이 두르는 검은 머플러도
한 번쯤 걸쳐 보아라
즐겁지 않느냐
어차피 인생은 연극
기쁨에 겨워 방자해질까 우려하는 왕을 위해-
그리고 저 시기하는 자들의 이글거리는 불을 식혀 줄
약간의 서늘한 엄살이 네게도 필요한 법이다
그러니 가끔은 눈물도 흘려 주어라
탄식은 더욱 관용적이다
저주 아래 놓인 슬픔의 아들들에게 조금의 위로가 될 것이니

비록 너 영원한 기쁨의 상속녀일지라도-
공주여, 그렇지 아니하냐-

죽음에 관한 짧은 노트

⟨1⟩

일찍이 그것은 우리 곁에 있었다
그다지도 멀지 않은 익숙한 곳에서 어슬렁대며
공기의 나팔 목구멍과 콧김과 허파 꽈리를 오가며
항생제와 음식들과 혈관 속을 떠돌았던 것이다
그것의 하수인이 하얀 가운과 검은 상복만 걸치는 건 아니다
도로와 빌딩, 수면제와 과일 접시,
면도기와 술병, 장미의 가시에 매복한 채
늘상 우리를 노려보던 오래된 협잡꾼

그것은 우리가 자처한 일이기도 하다
우리의 자만, 심드렁한 태만
두려움도 없이 함부로
새끼 고양이처럼 가벼이
그 검은 등을 쓰다듬는 경솔함
망각이라는 방어기제의 마취를 통해
여태껏 우리는
그것의 악명 높은 범죄를 용인해 온 것이다

수많은 기회들이 있었다
저 떠나 버린 자들에게 불멸의 브로치를 달아 줄-
단지 물어야 한다 그들에게뿐 아니라
여기 살아서 미움 받고 조롱받는 우리들에게-
저들 무지한 짐승처럼
기습당한 채 영원한 나락에 떨어진 자들의
운명에 대한 책임을-

그들에게 그것을 간단히 이길 비밀
조금은 쓴 계피사탕처럼 찡그린 채 머금다가
이내 살짝 깨물면
그 순간 깨어진 조각 속에서 영원한 생명의 즙이 흘러
불멸의 휘장에 감싸이는 비밀의 열쇠를 쥐어 주지 아니한 것은
그 얼마나 크나큰 크나큰 공범인가
그것의 억센 손아귀만큼이나
아, 그러나 그들은 교훈을 듣지 않았다

⟨2⟩

아, 그들의 잠은 실로 깊었다
그들을 끈질기게 흔들어 깨우기엔
역부족이었다고 변명하랴
우리는 피 흘리고 있었으니

우리는 한 손에 창을 들고
다른 손으로 돌을 굴리며
힘겨웠고 지쳐 있었으니

그래서일까
우리마저 너무도 쉽게
보이는 사물들의 미끼를 물었다
저들이 쏘아대는
아첨과 신기루와 야유에 휘저어져-

누구의 입과 귀와 손발이건
자유의 옷걸이에 걸려 있건만
자유란 그토록 잔인한 것
운명의 무게를 짊어지기엔
어린아이는 너무 순진하지 않은가

자유여-
그러나 어쩌면-
저 어린아이는 흐린 습자지 아래
자기 운명의 윤곽을 자유로운 연필로
따라 쓰는 것인지도 모를 일

호흡 안에 왕래하는
신성의 과일 향기도

죽음의 악취도
실로 가깝다는 이유로
두려워하거나 놀라워하지 않았으니

저들의 시야는 늘 먼 곳만을 향하였으니
저 군대의 시끄러운 호루라기에 발맞추어-
하나의 동그란 잎새 모양으로
생기 가득한 어린아이만이
생기의 근원을 궁금해하는 것이다

우리들 역시
그 누가 저 군대의 지침과
떠들썩한 시장의 그물에서

스스로 물러날 수 있었겠는가
하나의 반란 질서 오래된 반란 질서
부서는 각계각층
명령자는-
놀라지 말라 그대 가문에 있을 것이니-
신성이 광기의 이면인 것을 기억하라-

〈3〉

놀랍도다, 배역한 아름다움이여
지극히 높은 별들의 군대, 썩어 버린 과일
저 무한히 꺼져 버린 어둠은
찬란히 빛나던 너의 성좌였건만
풍부한 영양이 스스로 부패의 힘을 지녔는가

이상한 일, 참으로 이상한 일
어찌하여 선한 것이 선을 거스렸는가
완전한 것이 완전을 증오하고 대적했는가
질투? 야심? 선에 잠재된 치명적 결함?
아, 완전함이란 결국

내재된 불완전까지 포용해야 할
숙명을 지닌 것인가

우리의 모든 불행의 시작도 거기에 있었으니
과도함- 넘치는 파도 같은 과도함
맥박 치는 심장의 고동은
그 파도의 교만함을 우러르나니
숭배 받는 영웅의 피 속에
그 별들의 노래가 요동치나니-

그는 프로메테우스의 가면을 쓰고
우리의 꽃들을 선동했다
순진하고 태생적으로 불을 갈망하는 그들을-
지혜의 불쏘시개로 들쑤셔진 파괴의 불로-
디오니소스적 감흥에 흠뻑 적신
온갖 신기루들을 시시각각 흩뿌리며-
문득문득 밀려드는 뼈저린 공허와
근원적 향수를 잊게 만들곤 했다.

〈4〉

그렇듯 진짜의 모조품들로
값싼 위로를 얻고
쉬이 망각에 빠져드는 습성은
지금껏 반복되어 온 것이니

우리들이 비록 소시민적 습관과
거짓된 안락에
구토와 회의를 느끼고
시들지 않는 푸른 들판의 기억
영원한 고향에의 자각으로
배고픈 짐승처럼 울부짖었다 해도

실로 그 흉하고 투박한 형틀의
혁혁한 공로가 아니었다면
하나의 완전이 죽어
모든 불완전과 치환될 때
오래된 법이 깨어지는 비밀-
가장 강력한 힘이
갓난아기의 무력함으로 비워지는

엉터리 난센스를 이해시키는 신비로움이
우리들 무리에게 임하지 않았다면
가당키나 할 일인가
우리가 그것을 이긴다는 것이-
그 영원한 절망의 폭정을-

몇몇 예민한 이들이 그러하듯
우리 역시 쓰디쓴 그것의 체취에
일찌감치 봄날을 저당 잡힌 채
질식하고 말았으리라
어느 격정의 날들 가운데
달콤한 휴식인 양 유혹하는
세이렌의 노래 소리에 빨려들어-

⟨5⟩

그것은 이제
배부르고 교만한 자들
분별없는 아이들과
부산한 게으름뱅이들의 영혼만

소매치기하지 않으니
(그들은 손쉬운 먹잇감)

저 군대는 더 이상 숨지 않고
전면전을 치르고자 이빨을 드러내며
우리를 바짝 뒤쫓는다
아, 가장 친한 벗들마저 사로잡히다니
남은 자들이 우리뿐이라니-

우리의 권세가 이렇듯
허물어지고 마는 이유가 무엇인가
죽음을 이길 유일한 법을 가진
강력한 우리들이-
저들이 던지는 섬광탄
올무와 덫들
그러나 무엇보다
그 무엇보다-

돌이킬 수 없는
파멸의 저주를 너끈히 이길
비밀의 열쇠가 그려진 두루마리를

헌신짝처럼 땅에 떨어뜨리고
스스로 발로 밟아 버린
우리들의 어리석음이 자초한 비극
저들의 집요한 계획대로-

⟨6⟩

다들 떠났었다
괴물들과 싸워 이긴
자신의 불운한 운명을 이긴
위대한 영웅들이-
살아 돌아온 자들이 있었던가
그들이 우리에게 전해 준
최후의 승전보가 있었던가

모두가 그 벽 앞에 쓰러졌다
모두가 그 문 앞에 누웠다
영웅들이 우리에게 남긴 것은
영원이라는 외침-

또 그들 생애에 관한 기록뿐-

두려워하는 이들이여
여기 괴로워하는 이들이여
두려움의 밑바닥을 핥으며
생의 눈꺼풀을 물어뜯는 이들이여
낡은 옷을 벗는 대지여
무너져 내리는 산들이여

오로지 어린아이의 노래만 영원하리
두려움 없는 자의 가슴에 새겨진
생명의 문을 여는 빛나는 열쇠
예슈아, 예슈아, 예슈아
존재는 영원토록 새살이 돋나니

낡은 고치는 너를 가두지 못하리
나비여, 허공을 넘어 생기 속을 날으라
흘러나오는 꿀의 향기, 꽃들의 향연
빛이여, 영원한 생명이여
영원히 지지 않는 봄날의 기쁨이여-

언어의 경건

시인은 언어에 대한 경건함이 있어야 한다고
어떤 어른이 말씀하셨네
나는 그 말씀이 하나님의 말씀 같았고
천둥소리같이 들렸다네
언어에 대한 경건함은
곧 인간에 대한,
존재하는 것에 대한,
삶에 대한 경건함이었기에-
나는 참으로 부끄러웠다네
나의 바스락대는 언어의 무화과 잎이-
언어의 육화는 감히 못 되어도
피 흘리는 언어의 가죽옷을 입은
경건한 제사장 되기를
엎드려 조용히 기도하였네.

편지

비가 세상 가득 내렸고
지친 제 마음에도 다시 봄이 왔습니다
님이여
이제는 알 것 같아요
왜 당신께서 보이지 않는 먼 하늘로 떠나셨는지
하늘에서부터 온 땅 어디에도
당신이 계시지 않는 곳은 하나도 없음을
당신의 부재 속에
당신의 완전한 임재를 내 마음에 채우기 위하여
저 모양 없는 비가 온 땅을 적시듯
당신이 계시지 않는 곳 그 어디에도 없군요
나 무엇이든 욕심내어 구할 때
당신의 음성 들리지 않았고
나 아무것도 원치 않으니
당신은 내 마음 깊은 곳 신전에 앉으사
내 모든 것이 되시옵니다
천상의 오르간 소리 아름답게 울려 퍼지고
사납게 소란하던 파도 한없이 잔잔해집니다.

너는 내 아기

너-
혼란의 한가운데 서서 놀라고 있는
너는 내 아기-
네가 처음 낙원의 탯줄을 끊은 지 몇 해 건만
나는 지금도 기억한단다
네가 그때 얼마나 나와 함께 고통했던가를
그건 필연의 아픔이었지
죽음이자 탄생이 겪는-

탯줄도 없이 나를 떠난 너는 울었지
추위와 배고픔과 외로움으로
그러나 나의 젖
유프라테스의 강물을 마시며
너는 탐스러워져 갔지
네 앙증맞은 두 다리
귀여운 궁둥이는 튼튼해져
너는 긴 아라비아의 사막을 건넜고
높은 히말라야를 기어올랐지
그리고 놀랍게도 마침내
닐 암스트롱의 위대한 첫걸음을 뗄 때
너의 스스로 대견해하며 빛나던 눈빛

잊을 수 없구나

네가 새로운 동력의 자전거를 타다 넘어질 때
악동처럼 친구들과 다투어 피가 날 때
열병에 시달리며 밤새 끙끙 앓을 때
지켜보던 나의 심장이 저릿저릿했던 기억
이제 어엿하게 자라 너는 소년이 되었고
벌써 문명의 마지막 학기를 다니는구나
많은 것들을 익히며 지혜로워진 너
이제 머잖아 졸업이지만
이것 또한 새로운 시작일 것이야

세계의 태반에 서서
우주의 자궁에 웅크린 채
다시 태어날 반항아
너는 내 아기-
질풍노도의 시기를 지나
의젓해진 너를 만나기 위해
나는 그날처럼
또 한 번 세계를 밀어내겠지
고통의 환희에 으스러지며-

 작품

무언가 잃어야만
본질이 드러남을

껍질이 찢어져야
꽃눈이 피어나고
알이 깨어져야
새가 태어나네

눈이 먼 비는
색을 잃고
세상을 울리는
소리 되고

귀가 먼 눈은
소리 잃고
세상을 채우는
색이 되네

사랑을 잃고
언어는 시가 되니

사람은 무얼 잃어야
신의 형상되는가.

너만이

너는 잠든 땅이 봄날에 깨어나는 것을 보았다
꽃들이 다시 피어나는 것도 웃으며 보았다

너는 땅에 심겨진 나무가 위로 자라는 것을 보았다
바람이 나뭇잎을 흔드는 것도 수없이 보았다

너는 매미가 허물을 벗으며 자라는 것을 보았다
고치를 찢고 나비가 태어나는 것도 보았다

너는 하늘에서 비가 내려 땅을 적시는 것을 보았다
바다가 하늘에 올라가 구름이 되는 것도 보았다

너는 아이에게는 반드시 부모가 있음을 보았다
새끼 잃은 곰의 처절한 울부짖음도 보았다

너는 알에서 다시 깨어난 새만이
하늘을 나는 것을 보았다

너는 먼 길을 떠난 자가
저녁이면 집으로 돌아오는 것을 보았다

너는 이 모든 것을 수없이 보고 보았다
그러나 너만이 여전히 내게 돌아오지 않으며
너만이 나를 잊었다.

두 연인

결정된 서약, 미비된 사랑
굳은 바위, 흐르는 강물
닫힌 울타리, 거기에 달린 문
심겨진 뿌리, 익는 열매
파고드는 바늘, 품는 비둘기
불의 혀, 적시는 단비
쪼개진 빵, 붉은 포도주
용감한 사자, 순한 어린양
눈부신 빛, 따스한 열
건축하는 산문, 그리는 시

단단한 도자기, 말랑한 진흙
고독의 겨울, 열망의 여름
강한 이, 부드러운 혀
학구적인 하늘, 영감 어린 구름
억센 갈비뼈, 아름다운 심장
뾰족한 가시, 보드란 꽃잎

신께서 두 연인을
지상에 어울리게 하심은
서로의 안에서 더불어 빛나며

아가페와 에로스의 론도

마침내 서로를 온전케 하는
신성한 결혼의 비밀을
서술하시기 위함이라.

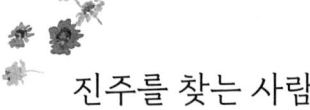
진주를 찾는 사람

세상에서 가장 값지고 영롱한 진주를 찾아
바다를 항해한 사람이 있었어요
진귀한 보배의 이야기를 어릴 적 들은 후
단 하루도 잊을 수 없어
영롱한 그 빛은 꿈이 되었고 소원이 되어
마침내 그는 길을 떠났어요
그것을 구하러 떠난 많은 이들이
돌아오지 못했다는 이야기를 듣고도
그는 그 고귀한 진주를 간절히 원했어요

먼 바다 왕국에서 탄생한다는
신비한 진주의 전설
겨울의 캐비어 같고
벙어리 천사의 눈물 같다는 그 진주-

깊고 넓은 바다를 항해하며
그의 영혼은 푸르러 갔어요
풍랑이 이는 바다는 그의 영혼을
강하고 깨끗하게 만들었지요
폭풍의 밤 파도와 씨름하며
신을 기다리는 법을 배웠고

밤바다에 흐르는 별들의 흰 강은
진주의 노래를 부르며 아른거렸죠

오랜 세월 진주를 찾아
먼 바다를 항해하고 항해했지만
진주가루 부서지는 파도를 볼 때
가슴이 설레고 설레었지만
만지면 사라져 버리는 하얀 물거품-
달빛이 은은한 밤바다 위에서
진주의 꿈을 꾸며 잠이 들었죠
그러나 어디에서도 진주는 찾지 못했어요
아무것도 그는 손에 얻지 못했죠

세월이 지나
검고 구불거리던 그의 머리는
어느새 하얗게 변해 갔어요
바위같이 강하고 단단하던 몸은
조각배처럼 낡고 작아져
마침내 그는 돌아왔어요
고향의 해변으로 슬픔에 잠겨-
그의 얼굴도 몸도 작아져 있었어요
한 잎 올리브 잎새처럼 말이죠

어느 맑게 개인 날
잔잔한 바닷가에서 조각배에 앉아
그는 아이들에게 들려주었어요
영롱한 진주를 찾아 항해하던 이야기를요
지그시 눈을 감고 이야기하는
꿈으로 가득한 그의 얼굴에
은은한 미소가 어렸어요

그때
그의 가슴에서 잠자고 있던
출렁이는 먼 바다의
파도 소리가 고동쳤어요
그의 눈동자는 별빛처럼 영롱했으며
그의 머리는 물보라처럼 희게 빛났죠
그의 조용한 목소리는 슬픈 듯하나
용기와 사랑, 겸손이 흘러나와
아이들을 깊이 매료시켰어요

조각배에 앉아 이야기하는 그의 모습을
멀리서 물끄러미 바라보던
한 아이가 속삭였어요
"아, 조개껍질에 담긴 하얀 진주 같구나-"

단장

님이 곧 오신다 하여
흐트러진 머리 매만지고
옷을 단정히 한다
때 묻은 옷 빨아 희고 또 희게
나의 님은 향기로워
불순함이 없다
의로움으로 단장하고
정직함으로 띠를 맨다
그 가슴에 붙인 금빛의 흉배
나를 향한 영원한 사랑이라
수놓아 있다.

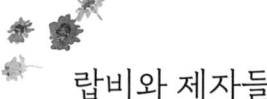
랍비와 제자들

어느 날 길을 걷던 랍비와 제자들은
버드나무 아래에서 사랑으로 인해
울고 있는 한 여자를 보았다
그들은 랍비에게 생각났다는 듯
오늘의 화두를 던졌다

"랍비여, 사랑이란 대체 무엇인가요?
철없는 인간의 감상인가요?
시인이나 소녀들처럼 정신이 나약하고
쓸데없이 감성이 넘치는 이들의 일종의 병 같은 것 말입니다."
랍비는 말했다. "그럴지도 모르지."

"랍비여, 어떤 이는 사랑이 치료제라 하던데요.
죽음의 병도 사랑의 신비로운 힘으로 치료가 되었다 합니다.
또 사랑이 일으킨 병은 사랑으로만 치료할 수 있으니 참 아이러니지 않습니까?"
"그래, 그것도 맞는 듯하구나."

"랍비여, 사랑은 호르몬이 일으키는 환상이 아닐까요?
일종의 치장된 속임수 같은 거랄까.

본능의 유혹 말입니다. 왜냐하면 사랑의 목적지는 결국 교합이기 때문이죠.
그렇지 않은가요?"
랍비는 고개를 끄덕이며 말했다
"무척 타당하게 들리는구나."

"존경하는 랍비여, 저는 사랑이란 그보다 훨씬 더 고상한 정신 현상이라 봅니다.
그것은 인간에게 임한 이데아의 현존이 아닐까요?
불완전한 지상의 존재에게 덧입혀진 이데아의 임재, 그 신비로운 현상 말이지요."
랍비는 눈을 크게 뜨고 대답했다
"참 심오한 생각이구나."

그러자 한 제자가 눈을 흘기며 소리쳤다
"랍비여, 사랑이란 그저 타고난 어리석음이 맞는 듯합니다. 현자는 사랑에 빠지지 않거든요."
"허허, 그러하냐?"

"랍비여, 아닙니다. 사랑은 오히려 초지능에 이른 현상입니다.
지능이 가장 높으신 신께서도 사랑이라 불리우기를 마다하지 않으셨는데
어리석음이라니요. 당치 않습니다."

"랍비여, 저는 오히려 사랑이란
인간의 원죄가 불러들인 오랜 어리석음과 비참,
망각의 병에서 놓임 받은 자각,
실낙원에서 복락원으로 잠시 이동한 상태,
그리하여 인류에게 잃어버린 그 나라를
기억하고 추구하도록 일깨우는
일종의 청사진과 같은 신의 은총이 아닐까 생각해 보았습니다."
랍비는 무릎을 치며 말했다
"참으로 기발한 생각을 하였구나!"

"랍비여, 저는 이렇게 생각해 보았습니다.
사랑이란 대극적 존재로서의 자아를 맞닥뜨릴 때 일어나는 경이의 현상일거라고 말입니다.
아담도 하와를 보고 자신의 살, 자신의 뼈라며 감격의 소리를 외치지 않았습니까?"
랍비는 미소를 지으며 대답했다.
"흠, 보편적이고도 타당해 보이는 얘기로구나."

"랍비여, 이제 당신의 생각을 말씀해 주실 차례입니다."
랍비는 눈을 반짝이는 제자들을 미소 띤 눈으로 바라보았다.
그리고 강물처럼 잔잔한 목소리로 입을 열었다.

"너희들의 이야기는 잘 들었다.
그러나 정답은 없단다. 너희가 보는 것이 곧 너희의 세상이니라.

다만 내가 너희에게 해 줄 말은 이것이다."

"가라, 네 믿음대로 될지어다."

구유의 아기

한 아기가 났으니
구유에 누웠네
순한 아기는 울고 울었네

그 아기는 알았네
피처럼 붉은 나일강의 눈물을

그 아기는 알았네
채찍에 맞는 아프리카의 슬픔을

그 아기는 알았네
굴뚝 청소부와 커피 농장의 아이를

그 아기는 알았네
레닌의 노래를 듣고 잠드는 아이를

한 아기가 났으니
더러운 구유에 누웠네
순한 아기는 울고 또 울었네

아가페와 에로스의 론도

그 아기는 알았네
총알 껍질과 지뢰를 갖고 노는 아이를

그 아기는 알았네
앙상한 뼈와 하얀 눈의 아이를

그 아기는 알았네
마약과 술과 함께 팔려가는 아이를

그 아기는 알았네
캡슐에 들어간 잘게 쪼개어진 아이를

그 아기는 울었네
더러운 구유에 누워
세상의 모든 아이들로 인해
울고 또 울었네.

나는 자유롭습니다

나의 영혼은 자유롭습니다
모든 것으로부터-
나는 내게 주어진 자유의 열쇠를
결코 빼앗기지 않습니다

당신은 내 몸을 묶을 수 있습니다
그러나 내 영혼은 모든 사슬을 끊습니다
당신은 내 몸을 가둘 수 있습니다
그러나 내 영혼을 가둘 벽은 어디에도 없습니다

당신은 내게서 재물을 빼앗아 갈 수 있습니다
그러나 내 영혼의 보물은 가져가지 못합니다
당신은 내게서 명예를 빼앗아 갈 수 있습니다
그러나 내 영혼의 자부심을 가져가지 못합니다

당신은 내게서 건강을 빼앗아 갈 수 있습니다
그러나 내 영혼은 사슴처럼 들판을 달립니다
당신은 내게서 젊음을 빼앗아 갈 수 있습니다
그러나 내 영혼은 늘 청춘입니다

당신은 내 눈을 어둠으로 덮을 수 있습니다
그러나 내 영혼은 정오의 빛 아래 서 있습니다
당신이 내 귀를 막는다 해도
내 영혼은 폭포 소리와 새소리를 듣습니다

당신은 내 몸을 고문할 수도 있습니다
그러나 내 영혼은 환희의 찬가를 부를 것입니다
당신은 내 몸을 죽일 수 있습니다
그러나 내 영혼은 천상으로 날아오릅니다

그 무엇도 나를 얽어매지 못합니다
내가 나를 얽어매지 않는 한
그 무엇도 나를 괴롭히지 못합니다
내가 나를 괴롭히지 않는 한

나는 자유롭습니다
환난도 죽음도 지옥도 나를 어찌하지 못합니다
나는 그가 죽기까지 사랑함으로 인하여
영원한 자유인이 되었기 때문입니다.

아내의 편지

여보, 우리 살림 어려워져 속상해요?
가난하고 옹색한 살림 초라해 보여
슬프고 기운이 안나요?
나를 좀 봐요 여기 웃는 내 얼굴
당신이 돈 많이 못 벌어 와도
예쁜 옷 못 입고 좋은 음식 못 먹어도
난 그런 거 조금도 아쉽지 않아요
그런 금방 사라져 버리고 말
시시한 것들의 가난은
서럽기는커녕 일종의 재미난 놀이 같은 것
혹여 지금보다 더 가난해진다 해도
조금도 겁나지 않아요 당신만 있으면-
난 세상에서 제일 행복한 여자
아무것도 부러울 게 없어
정말이에요-
봐요 저들은 갖지 못한 우리들의 보물을
우리에겐 가장 소중한 것을 볼 줄 아는
다이아몬드보다 맑은 두 눈이 있고
가슴속엔 마르지 않고 샘솟는 포도주 통 있어
힘차게 때론 은은히 달콤한 노래 늘 흐르고
우리들의 옷장엔 세상의 그 무엇도,

죽음조차도 좀먹지 못할
고상한 평안의 의복이 있고
우리들의 소중한 예물함엔
삶의 시작과 끝에 관해 감추인 이야기
진귀한 비밀의 반지가 담겨 있잖아요.
보세요 여보,
아침마다 우리들 창가의 커튼을 젖히면
날마다 조금씩 걸어오고 있는
황홀하게 아름다운 저 나라가 있잖아요.

 ## 가을바람

여름은 가고 찬바람이 분다
언제나 그랬듯이 이 무렵엔 그랬듯이

꽃은 지고 하늘은 높아진다
언제나 그랬듯이 그때도 그랬듯이

풀이 바람에 이리저리 흔들린다
구름은 모습을 바꾸며 흘러간다

바람은 구름을 흐르게 하고
풀을 흔들고 마음을 휘어 놓는다

작은 잎새 꼬옥 붙잡을
손 하나 없어

바람은 온 세상을 가슴으로
흐르고 흔들고 휘청이게 한다.

기다림

해는 멀어져 하늘도 높아지고
대지는 식어 바람이 차다

간간이 들리는 풀벌레 소리
찬 이슬 어리듯 풀에 어리고

땅거미 지는 서산 너머
어둠의 물결 밀려오네

닫힌 문 너머로 부르실 님
기다릴 시간이 되었구나

먼 동 트기까지 그대는
밤을 견딜 준비되었는가

어둠을 밝힐 촛대 하나
따스한 불꽃 켜리라.

데칼코마니

꼭 아침 같은 저녁입니다
저녁 같은 아침이었듯이
모색으로 흐릿하고
불그레한 하늘가
여기서 저기로 날아가듯
저기서 여기로 날아오는
노래하듯이 울고
우는 듯이 노래하는 새들

만남을 향해 가는 길이나
이별을 향해 가는 길이나
희살 짓는 초승달에 찔리는 듯
시린 별이 집으로 돌아가는 듯
봄 같은 겨울날이나
겨울 같은 봄날처럼
태어나려 할 때도 죽어 가는 때처럼
사실은 같은 채도인 겁니다
가장 고통스럽던 순간에
가장 행복했던 때와
같은 옥타브의 울림을 느꼈던 걸
단지 음색만 다를 뿐

지복의 순간에
가장 큰 통증으로 울던 걸
기억해 보면
고독이란 무얼까요
그것은 어쩌면 일체의,
온전한 일체의 대극인 걸까요
나비날개 데칼코마니처럼-
그리하여 고독으로 들어갑니다
그 고요의
무념무상의
충일함- 그 일체를 알기 위하여.

아가페와
에로스의
론   도

ⓒ 오소현, 2024

초판 1쇄 발행 2024년 9월 12일

지은이   오소현
펴낸이   이기봉
편집   좋은땅 편집팀
펴낸곳   도서출판 좋은땅
주소   서울특별시 마포구 양화로12길 26 지월드빌딩 (서교동 395-7)
전화   02)374-8616~7
팩스   02)374-8614
이메일   gworldbook@naver.com
홈페이지   www.g-world.co.kr

ISBN   979-11-388-3441-4 (03810)

- 가격은 뒤표지에 있습니다.
- 이 책은 저작권법에 의하여 보호를 받는 저작물이므로 무단 전재와 복제를 금합니다.
- 파본은 구입하신 서점에서 교환해 드립니다.